SAN PABLO

Karen Armstrong

San Pablo

El apóstol más incomprendido

indicios

Argentina – Chile – Colombia – España
Estados Unidos – México – Perú – Uruguay – Venezuela

Título original: *St. Paul – The Apostle We Love to Hate*
Editor original: New Harvest – Houghton Mifflin Harcourt, Boston, New York
Traducción: María Belmonte Barrenechea

1.ª edición Septiembre 2016

ISBN: 978-84-15732-19-8
E-ISBN: 978-84-16715-15-2
Depósito legal: B-16.444-2016

Fotocomposición: Ediciones Urano, S.A.U.

Impreso por: Romanyà-Valls – Verdaguer, 1 – 08786 Capellades (Barcelona)

Impreso en España – *Printed in Spain*

Para Jenny Wayman

Índice

Introducción

Mientras Jerusalén estaba celebrando la Pascua judía en el año 30 de nuestra era, Poncio Pilatos, gobernador romano de Judea, ordenó la crucifixión de un campesino de la diminuta aldea de Nazaret en Galilea. La Pascua solía ser una época turbulenta en la Ciudad Santa, donde la dominación romana se vivía con amargo resentimiento. Es probable que Pilatos y Caifás, el sumo sacerdote, hubieran decidido poner inmediatamente coto a todo aquel que causara problemas, por lo que sin duda no habían dejado de reparar, una semana antes, en la provocativa entrada de Jesús de Nazaret en la ciudad a lomos de un burro, tal como Zacarías había profetizado, saludando a una multitud entusiasta que le gritaba: «¡Libéranos, hijo de David!» ¿Es que acaso pretendía hacerse pasar por el anhelado Mesías, el descendiente del gran rey David que liberaría Israel del dominio extranjero? Y por si esto no bastase, Jesús había irrumpido en el templo y derribado las mesas de los cambistas, acusándolos de convertir un lugar sagrado en una guarida de ladrones. Cuando le crucificaron, «sobre su cabeza se colocó una inscripción en la que constaba el cargo del que se le acusaba: "Este es Jesús, el rey de los Judíos"».[1]

Jesús nació durante el reinado del Emperador Augusto (31 a.C.-14 d.C.), quien había traído la paz a un mundo desgastado por las guerras al derrotar a todos sus rivales políticos y declararse único gobernante del Imperio romano. La paz que siguió tuvo algo de milagrosa y Augusto fue aclamado como «hijo de dios» y «salvador» en sus inmensos dominios. Pero la Pax Romana se consiguió gracias a un implacable ejército que constituía la máquina de matar más eficiente que el mundo haya conocido jamás.

La más mínima resistencia de la población era contestada con una masacre sistemática. La crucifixión, un instrumento de terror estatal reservado normalmente a los esclavos, criminales violentos y a los insurgentes, era un poderoso elemento disuasorio. La exhibición pública de la víctima, con el cuerpo desgarrado colgando en un cruce de caminos o en un teatro para servir de alimento a las aves de presa o a los animales salvajes, era la prueba del despiadado poder de Roma.[2] Treinta años antes de la muerte de Jesús, el gobernador de Siria, P. Quintilio Varo, tras aplastar las revueltas que estallaron al morir el rey Herodes el Grande, había ordenado la crucifixión simultánea de dos mil rebeldes fuera de las mura-

---

1. Mateo 27:37; salvo que se mencione lo contrario, todas las citas del Nuevo Testamento provienen de *La Biblia, Nueva Versión Internacional*, Madrid, 2008.

2. Martin Hengel, *Crucifixion in the Ancient World and the Folly of the Message of the Cross*, trad. John Bowden (SCM Press, Londres, Fortress Press, Filadelfia, 1977), 76.

llas de Jerusalén.[3] Cuarenta años después de la muerte de Jesús, durante los últimos días del asedio romano de Jerusalén (70 d.C.), los hambrientos desertores que trataban de huir de la ciudad sitiada, a un promedio de quinientos al día, eran azotados, torturados y crucificados. El historiador judío Josefo, testigo presencial, dejó un registro del espantoso espectáculo: «Los soldados, llenos de rabia y odio, se divertían crucificando a los prisioneros en diferentes posturas; y tan grande era su número que resultaba imposible encontrar espacio para las cruces o cruces para los cuerpos».[4]

Una de las cosas más terribles de la crucifixión era que la víctima no podía recibir sepultura digna, desgracia de una magnitud tan grande que puede resultar difícil de apreciar en nuestra época. Se solía dejar con vida a la víctima para que fuera picoteada por los cuervos. En Judea, si se convencía a los soldados de que cumplieran la ley judía según la cual un cuerpo debía ser enterrado inmediatamente después de su fallecimiento, lo podían dejar en una tumba poco profunda donde sería devorado al punto por los perros salvajes que habrían estado rondando hambrientos en torno al moribundo. Pero desde una fecha muy temprana los discípulos de Jesús estaban convencidos de que éste había recibido digna sepultura y posteriormente los autores de los cuatro evangelios desarrollarían una elaborada teoría para explicar cómo habían logrado el permiso de las auto-

---

3. Flavius Josephus, *The Jewish War*, trad. G. A. Williamson (Harmonds-worth, UK: Penguin, repr. 1967), 2:75 (en lo sucesivo, *JW*); Flavius Josephus, *The Antiquities of the Jews*, trad. William Whiston (Marston Gate, Amazon.co.uk. Ltd., n.d.), 17:205 (en lo sucesivo, *AJ*). Josefo, Flavio, *La guerra de los judíos*, Ed. Gredos, Madrid, 1999; Josefo, Flavio, *Antigüedades judías*, Ed. Akal, Madrid, 2002.

4. *JW* 5:449-51.

ridades romanas.[5] Este fue un elemento crucial del cristianismo primitivo.[6]

La muerte atroz de Jesús sería fundamental en la visión política y religiosa de Saulo de Tarso, el primer autor cristiano cuyos textos han sobrevivido. Pablo era su nombre romano. En Occidente hemos excluido deliberadamente la religión de la vida política y consideramos la fe un asunto esencialmente privado. Pero se trata de una actitud moderna que data del siglo XVIII e incomprensible para Jesús y Pablo. El comportamiento de Jesús en el templo no fue, como se suele asumir, un alegato a favor de un culto más espiritual. Mientras arremetía contra los puestos de los cambistas, citaba a los profetas hebreos y repetía sus duras palabras dirigidas a quienes eran escrupulosos en sus devociones pero ignoraban la situación de los pobres, los vulnerables y los oprimidos.

Durante casi quinientos años Judea fue gobernada por un emperador tras otro y el templo, el lugar más sagrado para los judíos, se había convertido en un instrumento de control imperial.

Los romanos llevaban gobernando Judea desde el año 63 a.C. ayudados por la aristocracia sacerdotal, que recaudaba los tributos arrancados en especie al pueblo y se guardaban en el recinto del templo. Con los años esta colaboración desprestigió hasta tal punto a la institución que los campesinos

---

5. John Dominic Crossan, *Jesus: A Revolutionary Biography* (Harper, San Francisco, 1995), 172-78; *Jesús, biografía revolucionaria*, Grijalbo, Barcelona, 1996.

6. 1 Corintios 15:4.

se negaron a pagar el diezmo al templo.[7] En Qumrán, junto al mar Muerto, los miembros de una secta judía estaban tan disgustados por la corrupción de sus más sagradas instituciones que se retiraron de la sociedad, convencidos de que muy pronto Dios destruiría el templo y lo sustituiría por un lugar sagrado sin mancillar por manos humanas. De modo que Jesús no era el único que consideraba el templo una «guarida de ladrones», y su violenta demostración, que posiblemente le costó la vida, habría sido considerada por las autoridades una amenaza contra el orden político.

Galilea, el escenario de la misión de Jesús en el norte de lo que hoy es el estado de Israel, era el hogar de una sociedad traumatizada por la violencia del imperio. Nazaret se encontraba sólo a pocos kilómetros de Séforis, ciudad que las legiones romanas habían arrasado hasta los cimientos durante los disturbios ocurridos a la muerte de Herodes. Herodes Antipas, sexto hijo de Herodes el Grande, gobernó la región en nombre de Roma y financió su amplio programa de construcciones mediante la recaudación de elevados impuestos sobre las cosechas, el ganado y el trabajo, expropiando entre el 50 y el 66 por ciento del producto de los campesinos. El impago de los tributos exigidos estaba castigado con la confiscación y venta judicial de la tierra, que pasaba a engrosar el patrimonio de la aristocracia herodiana, así como el de los banqueros y burócratas que acudían en masa a la región para

---

7. Richard A. Horsley, *Jesus and the Spiral of Violence: Popular Jewish Resistance in Roman Palestine* (Harper & Row, San Francisco, 1987), 286-89; Seán Freyne, *Galilee, from Alexander the Great to Hadrian, 323 BCE to 135 CE: A Study of Second Temple Judaism* (M. Glazier, Notre Dame, IN: University of Notre Dame Press, Wilmington, DE, 1980), 283-86.

hacer fortuna.[8] Cuando perdían las tierras que habían pertenecido a su familia durante generaciones, los campesinos más afortunados trabajaban en ellas como siervos; otros se veían forzados al bandidaje o a realizar trabajos serviles. Puede que fuera esto lo que le sucediera al padre de Jesús, José el carpintero.

Hacia el año 28 d.C., grandes multitudes acudían en tropel desde Judea, Jerusalén y sus alrededores para escuchar la ardiente predicación de Juan el Bautista junto al río Jordán. Envuelto en ásperas pieles de camello que recordaban el atuendo del profeta Elías, Juan les animaba a recibir el bautismo como prueba de arrepentimiento y acelerar así la llegada del Reino que Dios iba a establecer en sustitución de los crueles gobernantes de la época. No se trataba de un mensaje puramente espiritual. Cuando miembros de la aristocracia sacerdotal y sus criados acudieron a recibir el bautismo, Juan les recriminó llamándoles «camada de víboras»; el día del Juicio Final no se salvarían simplemente por ser descendientes de Abraham.[9] En Israel, la inmersión ritual significaba desde hacía largo tiempo no sólo una purificación moral, sino también un compromiso social con la justicia. «Vuestras manos están manchadas de sangre», había dicho el profeta Isaías a la clase dirigente de Jerusalén en el siglo VIII a.C. «¡Lavaos, limpiaos! ¡Apartad de mi vista vuestras obras malvadas! ¡Dejad de hacer el mal! ¡Aprended a hacer el bien! ¡Buscad la justicia y reprended al opresor! ¡Abogad por el huérfano y

---

8. *AJ* 19:36-38; Richard A. Horsley, «The Historical Context of Q», en Richard A. Horsley con Jonathan A. Draper, *Whoever Hears You Hears Me: Prophets, Performance, and Tradition in Q* (Trinity Press International, Harrisburg, PA, 1999), 58.

9. Mateo 3:7; Lucas 3:7-9.

defended a la viuda!»[10] Los sectarios de Qumrám realizaban frecuentes abluciones, tanto como rito de purificación que como compromiso político «para rendir justicia a los hombres» y «para odiar a los injustos y combatir al lado de los justos».[11] Pero Juan ofrecía el bautismo no sólo a las élites, sino también a la gente común. Cuando estas personas empobrecidas y endeudadas le preguntaban qué debían hacer, él les decía que compartieran lo poco que tenían con aquellos que aún estaban en una situación peor. Una ética que se convertiría en un elemento fundamental del movimiento de Jesús: «El que tiene dos camisas debe compartir con el que no tiene ninguna y el que tiene comida debe hacer lo mismo».[12]

Jesús fue uno de los bautizados por Juan; se dice que cuando emergió del agua el Espíritu Santo descendió sobre él y se oyó una voz del cielo proclamar: «Tú eres mi Hijo amado; estoy muy complacido contigo».[13] Tras el bautismo, los prosélitos de Jesús exclamaban en voz alta que también ellos se habían convertido en hijos de Dios y en miembros de una comunidad en la que todos eran considerados iguales. El Espíritu sería crucial en este movimiento primitivo; no se trataba de un ser divino independiente, sino de un término utilizado por los judíos para denotar la presencia y el poder de Dios en la vida humana. Cuando Juan fue detenido por Antipas en el 29 d.C., Jesús inició su propia misión en Gali-

---

10. Isaías 1:15. Todas las citas del Antiguo Testamento provienen de *La Biblia, Nueva Versión Internacional*, Madrid, 2008.

11. *JW* 2:142-44.

12. Lucas 3:11.

13. Lucas 3:21-22.

lea, «armado con el poder del Espíritu».[14] Las muchedum-
bres se apiñaban en torno a él, como habían hecho con Juan,
para escuchar su inesperado mensaje: «El Reino de Dios está
cerca».[15] Su llegada no estaba programada para un futuro
lejano; el Espíritu, esa presencia activa de Dios, era evidente
ahora en los milagros curativos de Jesús. Allá donde mirara
veía gentes agotadas, maltratadas y doblegadas. «Tuvo compasión de ellas porque estaban agobiadas [*eskulemenoi*] y de-
samparadas [*errimmenoi*], como ovejas sin pastor.»[16] Los
verbos griegos elegidos por el evangelista tenían las conno-
taciones políticas y emocionales de estar «oprimido» por la
rapiña imperial.[17] Estaban hambrientos, físicamente enfermos, psicológicamente perturbados y probablemente su-
friendo los efectos del duro trabajo, las malas condiciones
sanitarias, la sobrepoblación, las deudas y la aguda ansiedad
experimentada por las masas en las economías agrarias premodernas.[18] En las parábolas de Jesús vemos una sociedad en
la que ricos y pobres están separados por un abismo infran-
queable; en la que las personas están abrumadas por préstamos, por fuertes deudas y acosadas por terratenientes sin

---

14. Lucas 4:14.

15. Marcos 1:14-15.

16. Mateo 9:36.

17. Warren Carter, «Construction of Violence and Identities in Matthew's Gospel»,
en Shelly Matthews y E. Leigh Gibson, eds., *Violence in the New Testament* (T. y T.
Clark, Nueva York, 2005), 93-94.

18. John Pairman Brown, «Techniques of Imperial Control: The Background of the
Gospel Event», en Norman Gottwald, ed., *The Bible of Liberation: Political and Social
Hermeneutics* (Orbis Books, Maryknoll, NY, 1983), 357-77; Warren Carter, *Matthew
and the Margins: A Sociopolitical and Religious Reading* (Sheffield Academic Press,
Sheffield, RU, 2000), 17-29, 36-43, 123-27, 196-98. Warren Carter, *Mateo y los
márgenes: una lectura sociopolítica y religiosa*, Ed. Verbo Divino, Estella, 2011.

escrúpulos; y en la que los desposeídos se ven obligados a contratarse como jornaleros.[19]

Resulta casi imposible construir una imagen precisa del Jesús histórico. Pablo, que escribió veinte años después de su muerte, fue el primer escritor cristiano cuyos textos han sobrevivido, aunque apenas nos dice nada sobre los primeros años de la vida de Jesús. Los cuatro evangelios canónicos fueron escritos mucho más tarde —el de Marcos a finales de los años 60 del siglo I d.C., los de Mateo y Lucas en los años 80 y 90, y el de Juan aproximadamente en el año 100—, y todos ellos se vieron profundamente afectados por la Guerra de los Judíos (66-73 d.C.), que tuvo como consecuencia la destrucción de Jerusalén y su templo. Al vivir en uno de los periodos más violentos de la historia judía, tan terrible que parecía el fin de los tiempos, los evangelistas se esforzaron por dotar de sentido al espantoso número de víctimas, a la destrucción masiva y al sufrimiento y duelo generalizados. Al hacerlo así introdujeron al parecer un elemento ardiente y apocalíptico en sus evangelios que quizá no estaba presente en las enseñanzas originales de Jesús. Los estudiosos han observado que Mateo y Lucas basaron sus relatos no sólo en las narraciones de Marcos, sino también en otro texto que no ha sobrevivido y que citaban casi al pie de la letra. Los eruditos denominan a este evangelio perdido «Q», del alemán *Quelle* («fuente»). No sabemos exactamente cuándo fue escrito, pero como no hace ninguna referencia a la Guerra de los Judíos, posiblemente fue recopilado en Galilea antes del año 66 y pudo haber sido

---

19. A. N. Sherwin-White, *Roman Society and Roman Law in the New Testament* (Clarendon Press, Oxford, 1963), 139; Mateo 18:22-33, 20:1-15; Lucas 16:1-13; Marcos 12:1-9.

puesto por escrito en los años 50, mientras Pablo estaba dictando sus propias cartas al escriba. A diferencia de los evangelios canónicos, Q no cuenta la historia de la vida de Jesús, sino que es una recopilación de sus palabras. Por lo tanto, tenemos en Q una fuente que puede acercarnos a lo que Jesús dijo a la afligida población de Galilea.

En el núcleo de este protoevangelio se encuentra el Reino de Dios.[20] No se trataba de un impactante apocalipsis que descendía de las alturas, sino de una revolución en las relaciones sociales de la comunidad. Si las personas establecieran una sociedad alternativa más cercana a los principios divinos contenidos en la ley judía, podrían acelerar el momento en que Dios intervendría para cambiar la situación de los seres humanos. En ese Reino, Dios sería el único gobernante, de modo que no habría César, ni procuradores ni Herodes. Para que el Reino se hiciera realidad en las desesperadas condiciones en que vivían, la gente debía comportarse como si el Reino ya hubiera llegado.[21] A diferencia de lo que sucedía en la Galilea herodiana, los beneficios del Reino de Dios no estarían limitados a una élite privilegiada, sino que estarían a disposición de todos, especialmente de los «desposeídos» y de los «mendigos» (*ptochos*) a quienes el régimen actual había abandonado.[22] No debes invitar a un banquete sólo a tus vecinos ricos, dijo Jesús a su convidado a cenar. «No, cuando des un banquete, invita a los pobres, a los inválidos, a los ciegos, a los cojos.» Y las invi-

20. Horsley, R. A., *Jesus and the Spiral of Violence*, 167-68.

21. A. E. Harvey, *Strenuous Commands: The Ethic of Jesus* (SCM Press, Londres; Trinity Press International, Filadelfia, 1990), 162, 209.

22. Lucas 6:20-21: cf. vv, 24-25.

taciones debían hacerse «en las calles y callejones del pueblo» y «en los caminos y las veredas».[23] Era un mensaje políticamente incendiario: en el Reino los últimos serán los primeros, y los primeros los últimos.[24]

En este Reino, predicaba Jesús, los seres humanos deben amar incluso a sus enemigos y prestarles ayuda moral y práctica. En lugar de tomar crueles represalias por las injurias, como hacían los romanos, deben vivir de acuerdo a la Regla de Oro: «Si alguien te pega en una mejilla, vuélvele también la otra. Si alguien te quita la camisa, no le impidas que se lleve también la capa. Dale a todo el que te pida, y si alguien se lleva lo que es tuyo, no se lo reclames. Tratad a los demás tal y como queréis que ellos os traten a vosotros».[25] La oración del Señor es la oración del Reino, musitada por aquellos que sólo esperan poder comer ese día, que sienten terror de endeudarse y ser arrastrados ante el tribunal que les confiscaría sus pobres pertenencias:

Padre — Santificado sea tu nombre. — Venga tu reino. Danos cada día nuestro pan cotidiano. Perdónanos nuestros pecados, porque también nosotros perdonamos a todos los que nos ofenden. Y no nos metas en tentación.[26]

No había nada novedoso en las enseñanzas de Jesús. Las leyes antiguas de Israel recomendaban exactamente esta clase de ayuda mutua. La tierra, según las primitivas enseñanzas

---

23. Lucas 14:23-24.

24. Mateo 20:16.

25. Lucas 6:29-31.

26. Lucas 11:2-4.

de la Torá (la Ley de Moisés), en lugar de ser propiedad de una aristocracia, debía pertenecer a la familia extendida; los préstamos sin interés eran obligatorios para los israelitas necesitados; la servidumbre contractual estaba restringida; y se hacía una provisión especial para los socialmente vulnerables: huérfanos, viudas y extranjeros.[27] Al cabo de siete años todas las deudas debían ser condonadas y los esclavos liberados. Los israelitas acomodados tenían que ser generosos con los pobres y darles lo suficiente para cubrir sus necesidades.[28]

Jesús envió a sus discípulos —pescadores, recaudadores de impuestos y campesinos— a que pusieran en práctica ese programa en los pueblos de Galilea. Constituyó en efecto una declaración práctica de independencia. Sus prosélitos no necesitaban convertirse en siervos ni trabajar para el enriquecimiento de otros; podían salirse simplemente del sistema y crear una economía alternativa, sobreviviendo de compartir todo lo que tuvieran.[29] El historiador norteamericano John Dominic Crossan cree que en las instrucciones de Jesús a esos misioneros se encuentra el núcleo del movimiento cristiano primitivo. Cuando llegaran a un pueblo, les había dicho Jesús, tenían que llamar a una puerta y desearle la paz al cabeza de familia; si éste era amable y les dejaba pasar, debían permanecer en esa casa, trabajando con sus anfitriones y

---

27. Levítico 25:23-28, 35-55; Deuteronomio 24:19-22; Norman Gottwald, *The Hebrew Bible in Its Social World and in Ours* (Scholars Press, Atlanta, GA,1993), 162.

28. Deuteronomio, 15.

29. Richard A. Horsley y Neil Asher Silberman, *The Message and the Kingdom: How Jesus and Paul Ignited a Revolution and Transformed the Ancient World* (Fortress Press, Minneapolis, MN, 1997), 56-57. Richard A. Horsley y Neil Asher Silberman, *La revolución del reino: cómo Jesús y Pablo transformaron el mundo antiguo*, Ed. Sal Terrae, Bilbao, 2005.

«compartiendo su comida y bebida porque el trabajador tiene derecho a su sueldo [...] Cuando entréis en un pueblo y os reciban, comed y bebed de lo que ellos tengan, sanad a los enfermos que encontréis allí y decidles: "el Reino de Dios ya está cerca de vosotros"».[30] El Reino se hacía realidad siempre que alguien se compadecía y admitía a un extraño necesitado en su casa, cuando ese extraño recibía comida de otros y ofrecía a su vez algo a cambio. Los campesinos, explica Crossan, tenían dos inquietudes primordiales: «¿Comeré hoy?» y «¿Me pondré enfermo y contraeré deudas?» En el sistema de Jesús, si alguien tenía comida, todo el mundo podía comer, y siempre habría quien se ocuparía de los enfermos. Esta interdependencia y ayuda mutua era tanto un Camino de Salvación como una Forma de Supervivencia.[31]

No se trataba de un programa social disfrazado de religión; los hombres y mujeres de la Antigüedad no concebían lo secular tal como nosotros lo conocemos. Todas las grandes tradiciones espirituales han insistido en que lo que nos aparta de la iluminación es el egoísmo y la egolatría; también decían que una preocupación real por los demás (no sólo por quienes pertenecen a tu clase o te resultan simpáticos) era la prueba de una auténtica espiritualidad. Al hacer el esfuerzo heroico de compartir sus magros recursos, contener la ira y el deseo de venganza, y atender a los demás incluso cuando ellos mismos se encontraban debilitados, Jesús y los prosélitos de Pablo, más tarde, se estaban sistemáticamente destro-

---

30. Lucas 10: 2-9; Pablo conocía estas enseñanzas: 1 Corintios 10: 27.

31. John Dominic Crossan, *The Historical Jesus: The Life of a Mediterranean Jewish Peasant* (Harper, San Francisco, 1991), 341-44. John Dominic Crossan, *El Jesús de la historia*, Ed. Crítica, Barcelona, 2000.

nando a sí mismos del centro de su mundo y colocando en él a los demás. Así alcanzaban ese estado de altruismo que otros han buscado en el yoga, cuyo objetivo es extraer el «yo» de nuestro pensamiento y conducta, esa autoobsesión que limita nuestra humanidad y nos impide alcanzar la trascendencia conocida como Brahmán, Tao, Nirvana o Dios.

Pero Jesús sabía que algunas personas reprobarían su programa e incluso lo considerarían sedicioso. Advirtió a sus discípulos que enfrentaría a las personas entre sí y dividiría las familias.[32] En la Palestina romana, cualquiera que le siguiera tendría que estar preparado para el suplicio de la cruz.[33] Sus enseñanzas no eran fáciles: no todos estaban dispuestos a amar a sus enemigos, a abandonar a su familia si fuera necesario y a dejar que los muertos entierren a sus propios muertos.[34] Las partes finales de Q muestran que los enviados de Jesús encontraron oposición y rechazo, especialmente de aquellos que temían o dependían del sistema de Herodes.[35] Cuando Jesús llegó a Jerusalén para proclamar el Reino y denunció la extorsión e injusticia de la aristocracia sacerdotal, fue ejecutado como un disidente.

La crucifixión podría haber supuesto el final del movimiento de Jesús. Pero algunos miembros de su círculo íntimo, que al parecer huyeron de Jerusalén y regresaron a Galilea después de su arresto, tuvieron asombrosas visiones de su cuerpo destrozado y sangrante vuelto a la vida, puesto en pie y triunfante a la derecha del trono de Dios en el Paraíso. Eso significaba

---

32. Lucas 12:51-53.

33. Lucas 14:27.

34. Lucas 9:60, 14:26.

35. Mateo 11:18-19; Lucas 7:33-34.

que Dios había elegido a Jesús como el Mesías, el descendiente «ungido» del Rey David que establecería el Reino de Dios en el que imperaría la justicia. El primero que vio a Jesús resucitado fue Simón, también llamado Pedro o Cefas («Piedra»); luego Jesús se apareció a un grupo de discípulos conocido desde entonces como los Doce y más tarde a una multitud de más de quinientos de sus prosélitos; por último se apareció a su hermano Jacobo.[36] Estas extraordinarias visiones iban acompañadas de una manifestación del Espíritu Santo, la cual transmitía valor a estos atemorizados hombres para hacer público el mensaje de Jesús, pronunciando inspiradas profecías y realizando curaciones milagrosas, convencidos de que esta era la nueva era que el profeta Joel había previsto:

Derramaré mi espíritu sobre todo ser humano.
Vuestros hijos y vuestras hijas profetizarán,
Tendrán sueños los ancianos y visiones los jóvenes.
En esos días derramaré mi Espíritu
Aun sobre los siervos y las siervas.[37]

En el pasado, los profetas solían ser aristócratas de la corte real, pero ahora el Espíritu Santo inspiraba a humildes miembros de la sociedad —pescadores, carpinteros, artesanos y campesinos— para comunicar a sus hermanos israelitas que Jesús, el Mesías, volvería pronto para instaurar el Reino de Dios. Su resurrección no era un acontecimiento mítico de un lejano pasado; el ensalzamiento de Jesús había sido presenciado por cientos de personas perfectamente sanas y cuerdas.

---

36. 1 Corintios 15:4-7.

37. Joel 2:28-29.

En la Antigüedad el término hebreo *mesías* se aplicaba a cualquiera —rey, sacerdote o profeta— que había sido ungido con aceite en una ceremonia para encomendarle una tarea divina. Pero cuando Israel cayó bajo el dominio del imperio, el término comenzó a adquirir un significado totalmente distinto a medida que la gente esperaba la llegada de una clase diferente de rey, un hijo de David dotado de rectitud moral y sabiduría para restaurar la dignidad perdida de Israel. Según los salmos de Salomón, el Ungido liberaría al pueblo judío, denunciaría a los funcionarios corruptos, expulsaría a todos los pecadores extranjeros y reinaría en Jerusalén, que volvería a ser de nuevo una ciudad santa, atrayendo a gentes «desde los confines de la tierra».[38] Este texto fue escrito en Jerusalén durante el siglo I a.C., pero había sido traducido al griego y fue ampliamente leído en la diáspora, cuando los judíos que vivían bajo la ocupación romana esperaban la llegada del Mesías (*Christos* en griego). Todo ello era, evidentemente, un potencial sedicioso; sería incluso más subversivo si el hombre reverenciado como el Cristo había sido ejecutado por un gobernador romano.

Q no menciona ni la muerte de Jesús ni su resurrección; quizá la comunidad Q no soportaba pensar en su crucifixión ni sabía nada sobre las apariciones tras la resurrección o las desaprobaban. Continuaron su misión, pero parece que desaparecieron durante el caos de la Guerra de los Judíos. Para los Doce, sin embargo, la muerte de Jesús no era algo a encubrir porque tenía poder salvador. En el judaísmo se decía que un mártir había muerto por los «pecados» de Israel. Ello

---

38. Salmos de Salomón 17:31-37, citado en Horsley y Silberman, *The Message and the Kingdom*, 15.

no significaba las faltas de israelitas concretos, sino el fracaso general de un pueblo a la hora de cumplir los divinos mandamientos y sus responsabilidades sociales; faltas que Dios había castigado con una catástrofe política. La disposición a morir por esos principios convertía al mártir en un modelo a seguir. El martirio de Jesús, por lo tanto, era un acicate para pasar a la acción y un estímulo para acelerar la llegada del Reino de Dios.

Así que después de tener una visión que transformó sus vidas, los Doce abandonaron Galilea y regresaron a Jerusalén, donde, según los profetas, el Mesías instauraría la nueva era.[39] En los atestados suburbios de la parte baja de la ciudad, los Doce predicaron la buena nueva a comerciantes, trabajadores, porteadores, carniceros, tintoreros y muleros, «las ovejas perdidas del pueblo de Israel».[40] En un entorno urbano que resultaba bastante ajeno a aquellos campesinos desarraigados, trataron de reproducir las comunidades alternativas que Jesús había establecido en los pueblos de Galilea:

> Todos los creyentes eran de un solo sentir y pensar. Nadie consideraba suya ninguna de sus posesiones, sino que las compartían. Los apóstoles, a su vez, con gran poder seguían dando testimonio de la resurrección del Señor Jesús. La gracia de Dios se derramaba abundantemente sobre todos ellos, pues no había ningún necesitado en la comunidad. Quienes poseían casas o terrenos los vendían, llevaban el dinero de las

---

39. Horsley y Silberman, *The Message and the Kingdom*, 100-103.

40. Mateo 15:24.

ventas y lo entregaban a los apóstoles para que se distribuyera a cada uno según su necesidad.[41]

Los Doce también comenzaron a predicar a los inmigrantes de habla griega de la diáspora que se habían establecido en Jerusalén para llevar una vida judía más auténtica. Uno de esos judíos de la diáspora era Pablo, que, según Lucas, provenía de Tarso en Cilicia. Al principio era hostil al movimiento de Jesús, pero terminó por tomar la trascendental decisión de llevar el evangelio no sólo a las ovejas descarriadas de Israel, sino también a los paganos.

Publiqué mi primer libro sobre Pablo en 1983, al principio de mi carrera como escritora. *The First Christian* [El primer cristiano] formaba parte de una serie de televisión de seis capítulos, escrita y presentada por mí. Al iniciar el proyecto pensé que era mi oportunidad para demostrar cómo Pablo había dañado al cristianismo y destruido las bondadosas enseñanzas originales de Jesús. Pablo es el apóstol más incomprendido; ha sido tachado de misógino, de defensor de la esclavitud, de ser un autoritario violento y profundamente hostil a los judíos y el judaísmo. Sin embargo, cuando comencé a estudiar sus escritos situados en el contexto del siglo I d.C., no tardé en darme cuenta de que era una visión insostenible. De hecho, mientras seguía sus pasos durante la filmación, no sólo empecé a admirarle, sino también a sentir una fuerte afinidad con este hombre difícil, brillante y vulnerable.

Una de las cosas que descubrí fue que Pablo no escribió todas las cartas que se le atribuyen en el Nuevo Testamento.

---

41. Hechos 4:32-35.

Los expertos sólo consideran auténticas siete de ellas: la 1ª a los tesalonicenses, la 1ª a los gálatas, la 2ª a los corintios, filipenses, Filemón y romanos. El resto, a los colosenses, efesios, 2ª a los tesalonicenses, 1ª y 2ª a Timoteo y Tito conocidas como cartas deuteropaulinas, fueron escritas en su nombre tras su muerte, algunas tan tarde como el siglo II d.C. No se trataba de falsificaciones tal como nosotros lo entendemos; en la Antigüedad era común escribir bajo el seudónimo de un sabio o filósofo admirado. Estas epístolas póstumas trataban de suavizar y hacer que las radicales enseñanzas de Pablo resultaran más aceptables para el mundo grecorromano. Eran estas últimas cartas las que insistían en que las mujeres debían someterse a sus maridos y que los esclavos tenían que obedecer a sus amos. Fueron ellas las que espiritualizaban la condena de Pablo a los «dirigentes de este mundo» afirmando que eran poderes demoníacos y no la aristocracia gobernante del Imperio romano.

Es interesante que algunas teólogas feministas encuentren este argumento un mero pretexto; parecen sentir una fuerte necesidad de culpar a Pablo de la larga tradición de misoginia cristiana. Pero resulta irracional que un estudioso cierre los ojos ante datos totalmente convincentes que muestran la imposibilidad de que Pablo escribiera estos textos tardíos. Aborrecer a Pablo parece más importante que limitarse a valorar su obra. De hecho, como han demostrado estudios recientes, Pablo adoptó una actitud radical sobre tales cuestiones, lo cual le convierte en una figura relevante hoy en día. Para empezar, expertos como Richard A. Horsley, Dieter Georgi y Neil Elliott han demostrado que, al igual que Jesús, él se opuso durante toda su vida a la injusticia del Imperio romano. En el mundo premoderno, todas las civilizaciones sin excepción estaban basadas en un excedente de la producción agrícola que era arrebatado por la fuerza a los campesinos, quienes se veían abocados a una mera subsistencia. Por lo tanto, durante cinco mil años, aproximadamente el 90 por ciento de la población se vio reducida a la servidumbre para mantener así a una pequeña clase privilegiada de aristócratas y sus criados. No obstante, los historiadores sociales ponen de manifiesto que sin este injusto arreglo es improbable que la especie humana hubiera avanzado más allá de un nivel primitivo, ya que creaba una clase privilegiada con tiempo libre para desarrollar las artes y las ciencias esenciales para el progreso. Y por muy paradójico que parezca, también se ha descubierto que un gran imperio tributario como el romano era la mejor manera de mantener la paz, porque impedía que las pequeñas aristocracias rivales se enzarzaran en interminables luchas por adquirir más terreno cultivable. En el mundo premoderno, cuando los disturbios sociales que afectaban a las cosechas podían provocar miles de muertes, la anarquía era un mal muy temido, y por ello un emperador como Augusto fue recibido con alivio por la mayoría de la población. Sin embargo, en toda cultura, siempre ha habido voces como la de Jesús y la de Pablo, que se alzaban en protesta contra la injusticia institucionalizada. Es probable que hoy en día Pablo hubiera sido un fiero crítico del mercado global que hemos creado y en el que existe un enorme desequilibrio de riqueza y poder.

En segundo lugar, Pablo luchó durante toda su vida por trascender las barreras de la etnicidad, la clase y el género, que, lamentablemente, todavía constituyen brechas sociales en el siglo XXI. Y por eso mismo es importante dejar bien claras las cosas. Su famosa experiencia en el camino de Damasco fue en gran parte el descubrimiento de que las leyes que separaban a judíos y gentiles —leyes que él había defendido toda su vida— habían sido derogadas por Dios. Al igual que Jesús, él siempre insistiría en que en el Reino de Dios todos serían invitados a comer en la misma mesa. En nuestro mundo secularizado ya no ponemos tanto énfasis en las reglas de pureza ritual, pero el racismo y las divisiones de clase siguen siendo una fuerza nociva incluso en lo que se solía llamar el Mundo Libre. Una vez más, Pablo habría rechazado con vehemencia semejante prejuicio, tal como hizo Jesús, que continua y provocadoramente cenaba con «pecadores», tocaba a quienes eran ritualmente impuros y tenían enfermedades contagiosas, cruzaba fronteras sociales, y frecuentaba personas despreciadas por la clase dirigente.

Es mucho, por lo tanto, lo que podemos aprender de Pablo. En *The First Christian* me basé en gran medida en los Hechos de los Apóstoles, escritos según la tradición por san Lucas, el tercer evangelista. Pero los Hechos ya no se consideran históricamente fiables. Lucas tuvo acceso sin duda a algunas tradiciones auténticas, pero como puede que escribiera en fecha tan tardía como el siglo II d.C., no siempre las entendía. También sus prioridades eran totalmente diferentes de las de Pablo. Al escribir después de la Guerra de los Judíos contra Roma, que concluyó con la trágica destrucción de Jerusalén y su templo, estaba ansioso por demostrar que el movimiento de Jesús no compartía la hostilidad generalizada de los judíos hacia Roma. En sus relatos, por lo tanto, muestra continuamente a los oficiales romanos respondiendo respetuosa y agradecidamente a Pablo, y hace responsables a las comunidades locales judías de su frecuente expulsión de las ciudades en las que él evangelizaba. Como veremos, Pablo tenía una perspectiva muy diferente.

En este libro me he basado fundamentalmente en las siete cartas auténticas de Pablo. Es mucho lo que siempre permanecerá en la oscuridad: nunca sabremos si él, que ponía empeño en resaltar su estado célibe, llegó a casarse alguna vez. No sabemos nada de su infancia ni de sus estudios, no tenemos información sobre las cinco ocasiones en que fue azotado en las sinagogas, ni de sus tres naufragios (incluyendo un día y una noche en que estuvo a la deriva en alta mar), de cuando fue apedreado o de sus peligrosos encuentros con bandidos.[42] Y a pesar de las leyendas que se han ido acumulando durante siglos, no sabemos nada de cómo o cuándo murió. Pero sus cartas nos lo hacen real y son un testimonio extraordinario de las pasiones que impulsaron a este hombre a cambiar el mundo.

Nota: No se puede hablar de cristianismo primitivo como si fuera una tradición religiosa independiente. Hasta bien entrado el siglo II d.C., tanto ajenos como miembros del movimiento de Jesús lo consideraron una secta dentro del judaísmo. Los prosélitos de Jesús no comenzarían a llamarse a sí mismos «cristianos» hasta el final del siglo I d.C., y el término «cristianismo» aparece sólo tres veces en el Nuevo Testamento.[43] También he evitado llamar a las comunidades primitivas seguidoras de Jesús «iglesias», porque este término evoca inevitablemente la imagen de pináculos, bancos, libros de

---

42. 2 Corintios 11:24-25.

43. Hechos 11:26, 26:28; 1 Pedro 4:16 (c. 100 d.C.)

oraciones y organizaciones jerárquicas globales que sencillamente no existían en tiempos de Pablo. Prefiero en cambio utilizar el término griego *ekklesia* (traducido posteriormente como iglesia), que, al igual que «sinagoga», se refiere a una asamblea, comunidad o congregación de personas.

1
Damasco

El relato de Lucas del descenso del Espíritu Santo en la fiesta judía de Pentecostés puede que no sea históricamente fiable, pero no hay duda de que expresa el carácter tumultuoso del cristianismo primitivo.[44] Los doce apóstoles y miembros de la familia de Jesús, nos dice, estaban orando en su casa de Jerusalén cuando de repente oyeron un ruido atronador, como una violenta ráfaga de viento; aparecieron llamas y se posaron sobre la cabeza de cada uno de ellos. Llenos del Espíritu Santo, comenzaron a hablar diferentes lenguas y se precipitaron al exterior para dirigirse a una multitud de peregrinos judíos procedentes de todas las naciones y cada uno los oía hablar en su propio idioma. La conducta de los apóstoles era tan exaltada que algunos de los presentes creyeron que estaban borrachos. Pedro les explicó la situación: Estos hombres, dijo, simplemente están llenos del Espíritu de Dios. Así es como el profeta Joel describió los Últimos Días, que habrían sido desencadenados por Jesús,

---

44. Hechos 2.

un hombre acreditado ante Israel con milagros, señales y prodigios. Pero, añadió Pedro ante su vasta audiencia judía, «éste fue entregado según el determinado propósito y previo conocimiento de Dios, y por medio de gente malvada, vosotros lo matasteis, clavándolo en la cruz». Sin embargo, Dios lo resucitó a una vida de gloria en los cielos, cumpliéndose así la profecía de David en el salmo que comienza: «Así dijo el Señor a mi Señor: "Siéntate a mi derecha hasta que ponga a tus enemigos por estrado de tus pies"».[45] Israel debe reconocer ahora a Jesús crucificado como Señor y Mesías; si la gente se arrepiente, se bautiza y se separa de esa «generación perversa», también podrá recibir el don del Espíritu Santo y compartir la victoria de Jesús.[46]

De la noche a la mañana, Jesús, el hombre, se transformó para siempre. Después de verle sentado a la derecha de Dios, sus discípulos comenzaron a buscar inmediatamente las escrituras para poder comprender lo que Dios había hecho por él. Desde fecha muy temprana meditaron sobre el Salmo 110, el que Pedro citó a la multitud. En el antiguo Israel se cantaba durante la ceremonia de coronación en el templo, cuando el rey recientemente ungido, descendiente de David, era elevado a un estatus casi divino y convertido en miembro del Divino Consejo de seres celestiales. Otro salmo proclamaba que en su coronación el rey había sido adoptado por Yahveh: «Tú eres mi hijo, hoy mismo te he engendrado».[47] Los discípulos también recordaron que Jesús hablaba a veces de sí mismo como el «hijo del hombre», frase que les condu-

---

45. Salmo 110:1.

46. Hechos 2:13-28.

47. Salmo 2:7.

jo al Salmo 8, en el que las maravillas de la creación llevaron al salmista a preguntarse por qué Dios había elevado a un humilde «hijo de hombre» a las alturas de las que, como habían visto con sus propios ojos, Jesús disfrutaba ahora:

Pues lo hiciste poco menos que un dios,
Y lo coronaste de gloria y de honra;
Lo entronizaste sobre la obra de tus manos,
¡Todo lo sometiste a su dominio![48]

Y una vez más, el título de «hijo del hombre» recordaba la visión del profeta Daniel, que había visto una figura misteriosa, «alguien con aspecto humano», acudiendo en ayuda de Israel sobre las nubes del cielo: «Y se le dio autoridad, poder y majestad. ¡Todos los pueblos, naciones y lenguas lo adoraron!»[49] Los discípulos estaban ahora convencidos de que Jesús, el hijo del hombre, regresaría pronto para gobernar el mundo y derrotar a los opresores de Israel. A una notable velocidad, los títulos de «señor» (*kyrios* en griego), «hijo del hombre» e «hijo de Dios» le fueron atribuidos a Jesús, el Mesías, el Cristo, y utilizados de forma sistemática por los autores del Nuevo Testamento.[50]

La historia de Pentecostés sugiere que el evangelio tuvo un atractivo inmediato para los judíos grecoparlantes de la

---

48. Salmo 8:5-6.

49. Daniel 7:13-14.

50. Martin Hengel, «Christology and New Testament Chronology: A Problem in the History of Earliest Christianity» y «'Christos' in Paul», en *Between Jesus and Paul: Studies in the Earliest History of Christianity*, trad. John Bowden (Fortress Press, Filadelfia, 1983). Martin Hengel, *El Hijo de Dios: el origen de la cristología y la historia de la religión judeo-helenística*, Ed. Sígueme, Salamanca, 1978.

diáspora, muchos de los cuales se unieron a la comunidad de prosélitos de Jesús. La Jerusalén del siglo I d.C. era una ciudad cosmopolita. Judíos devotos venían de todas las partes del mundo para rezar en el templo, aunque tendían a crear sus propias sinagogas para poder orar en griego en lugar de hacerlo en hebreo o en el dialecto arameo utilizado en Judea.[51] Algunas de ellas estaban dedicadas al *ioudaismós*, palabra que se suele traducir por «judaísmo» o «judaico», pero que durante la época romana tuvo un significado más preciso. Los emperadores respetaban la antigüedad y moralidad de la religión israelita y habían concedido a las comunidades judías cierto grado de autonomía en las ciudades grecorromanas. Pero esto a veces molestaba a las élites locales resentidas por su propia pérdida de independencia, de manera que periódicamente se producían estallidos contra los judíos entre la población. Para contrarrestarlos, algunos judíos grecoparlantes habían desarrollado una conciencia militante de emigrados que llamaban *ioudaismós*, una desafiante afirmación de la tradición ancestral combinada con una determinación de preservar una identidad claramente judía y prevenir cualquier amenaza política a su comunidad, recurriendo, si fuera necesario, a la violencia. Algunos estaban incluso preparados para actuar como supervisores del cumplimiento de la Torá y defender el honor de Israel. En Jerusalén, estos judíos más estrictos se sintieron atraídos por la secta de los Fariseos de Judea, que estaban comprometidos con un cumplimiento estricto de la Torá. Como deseaban vivir de la misma manera que los sacerdotes que atendían a la Divina Pre-

---

51. Hengel, «Between Jesus and Paul: The "Hellenists", the "Seven" and Stephen (Hechos 6:1-15; 7:54-8:3)» en *Between Jesus and Paul*.

sencia en el templo, concedían una importancia especial a las leyes sobre pureza sacerdotal y a las reglas alimenticias que hacían de Israel un país «sagrado» (*qaddosh* en hebreo), es decir, «separado» e «independiente», como el propio Dios y completamente diferenciado del mundo gentil.

Pero puede que otros judíos grecoparlantes se sintieran decepcionados por la vida en la Ciudad Santa. Durante la diáspora muchos habían llegado a apreciar la cultura helenística. Tendían por lo tanto a poner el énfasis en la universalidad inherente al monoteísmo judío, viendo al Único Dios como el Padre de todos los pueblos, adorado bajo nombres diferentes. Algunos también creían que la Torá no era propiedad exclusiva de los judíos porque, a su manera, las leyes ancestrales de griegos y romanos también expresaban la voluntad del Único Dios. En lugar de concentrarse en minucias rituales, estos judíos más liberales se sentían atraídos por la visión ética de los profetas, quienes habían hecho hincapié en la importancia de la caridad y la filantropía más que en las leyes ceremoniales de pureza y dieta alimenticia. Probablemente encontraban las preocupaciones de los fariseos superficiales y nimias y quizá se sintieron ofendidos por la explotación comercial de los peregrinos en la Ciudad Santa.[52] De modo que cuando oyeron a los Doce hablar sobre Jesús, se habrían sentido atraídos por sus enseñanzas. Se decía, por ejemplo, que había sido crítico con los fariseos: «Dais la décima parte de la menta, de la ruda y de toda clase de legumbres, pero descuidáis la justicia y el amor de Dios. Debíais haber practicado esto, sin dejar de hacer aquello».[53] También les habría gusta-

---

52. *Ibid.*, 28-29.

53. Lucas 11:42.

do la historia de Jesús arrojando a los cambistas del templo mientras citaba las palabras de Isaías que ponían de manifiesto las implicaciones universales del culto: «Mi casa será llamada casa de oración para todas las naciones».[54]

Cuando se convirtieron en prosélitos de Jesús, estos judíos grecoparlantes continuaron orando en sus propias sinagogas. Pero como dice Lucas, estallaron tensiones entre los miembros que hablaban arameo y los que hablaban griego. Según los Hechos, comenzó como un desacuerdo sobre la distribución de alimentos que los Doce resolvieron nombrando siete diáconos de habla griega para que distribuyeran raciones a la comunidad de modo que ellos mismos pudieran dedicar más tiempo a orar y predicar.[55] Pero el relato de Lucas está lleno de contradicciones y parece que las obligaciones de los siete diáconos no eran puramente domésticas. Esteban, predicador carismático y hacedor de milagros, era uno de ellos, mientras que Felipe, otro de los Siete, condujo una misión a las regiones no judías de Samaria y Gaza.[56] Leyendo entre líneas el relato de Lucas, podemos ver que los Siete pudieron ser líderes de una congregación «helena» independiente en el movimiento de Jesús que dirigía sus propias misiones de predicación y que ya estaba llegando al mundo de los gentiles.

En la historia de Lucas, esta trivial disputa sobre la comida se fue agravando a gran velocidad hasta convertirse en un linchamiento durante el cual fue asesinado Esteban. Algunos

---

54. Marcos 11:17; Isaías 56:7; Martin Hengel, *The Pre-Christian Paul*, trad. John Bowden (Trinity Press International, Filadelfia, 1991), 81-83.

55. Hechos 6:1-5.

56. Hechos 8:4-6.

de los judíos de la diáspora que abrazaban el *ioudaismós* se pusieron furiosos ante la predicación liberal de Esteban y lo llevaron ante el sumo sacerdote. Había que detener a Esteban a toda costa. «Este hombre no deja de hablar contra este lugar santo y contra la ley. Le hemos oído decir que ese Jesús de Nazaret destruirá este lugar y cambiará las tradiciones que nos dejó Moisés.»[57] Lucas afirma que estas declaraciones fueron presentadas por testigos falsos; sin embargo, pone en boca de Esteban un largo discurso que concluye con un desafiante rechazo del culto en el templo. Esto, como hemos visto, era sin duda un asunto espinoso. Las opiniones de Esteban eran compartidas en parte por los sectarios de Qumrám y por los campesinos que se negaban a pagar los diezmos. Según los evangelios, Jesús también había predicho la destrucción del templo.[58] Cuando Esteban finalmente exclamó, «¡Mirad! Veo abrirse los cielos y al Hijo del Hombre en pie a la derecha de Dios», sus acusadores montaron en cólera y confiando sus mantos a un joven llamado Saulo, sacaron a empellones a Esteban de la ciudad para apedrearlo. «Saulo», termina Lucas su trágico relato, «estaba allí dando su aprobación a la muerte de Esteban.»[59]

Pablo entra en la historia probablemente unos dos años después de la muerte de Jesús, en el 32-33 d.C. Apenas sabemos algo de sus primeros años. Es Lucas quien nos cuenta que provenía de Tarso y vino con sus padres a Jerusalén cuando era un niño. El propio Pablo insistiría con orgullo en

---

57. Hechos 6:13-14.

58. Marcos 13:1-2.

59. Hechos 7:56-8:1.

su impecable linaje judío: «Circuncidado al octavo día del pueblo de Israel, de la tribu de Benjamín, hebreo de pura cepa; en cuanto a la interpretación de la ley, fariseo; en cuanto al celo, perseguidor de la iglesia; en cuanto a la justicia que la ley exige, intachable».[60] En el siglo XVI Martín Lutero afirmaría que Pablo se había atormentado por su incapacidad de cumplir todos los «trabajos de la ley», pero no hay pruebas de ello en sus cartas. Al contrario, sostenía lleno de confianza que había sido un buen judío, y que había cumplido la Torá «sin fallo alguno». Sabemos muy poco de la práctica farisaica antes de la Guerra de los Judíos; parece haber sido un movimiento polifacético con un amplio espectro de creencias, y aunque los fariseos divulgarían más tarde el judaísmo rabínico, no podemos asumir que Pablo compartiera las ideas que desarrollaron los rabinos talmúdicos tras la Guerra de los Judíos. Probablemente Pablo asistió a una escuela de Jerusalén en la que se hablaba el griego. Hablaba ese idioma con fluidez, había estudiado las escrituras hebreas en traducción griega y también dominaba el arte de la retórica. Pero su educación no habría sido demasiado religiosa. Ya desde el siglo II a.C. los fariseos habían sido activistas políticos, dispuestos a morir y a veces a matar por sus ideas. En el siglo I d.C. algunos de ellos parecen haber funcionado como grupo de presión, promoviendo agresivamente el *ioudaismós* y castigando a los disidentes como Esteban para mantener unida la sociedad judía bajo la tensión de la ocupación romana.[61]

Pablo dejó bien claro que había sido un fariseo particularmente ferviente: «En la práctica del judaísmo, yo aventajaba

---

60. Filipenses 3:5-6.

61. Hengel, *Pre-Christian Paul*, 19-60.

a muchos de mis contemporáneos en mi celo exagerado por las tradiciones de mis antepasados».[62] Mientras algunos judíos, angustiados por las crisis políticas de la ocupación romana y el exceso de impuestos, se volvían hacia maestros carismáticos como Juan el Bautista o se implicaban en otras formas de protesta no violenta, otros creían que esos desastres eran un castigo de Dios por su incumplimiento de la Torá. Llegaron a la conclusión de que en lugar de desafiar a las autoridades romanas y poner en peligro la comunidad judía, era mejor dedicarse a cumplir estrictamente los mandamientos, confiando en que Dios les recompensaría en última instancia por su fidelidad. Sólo así podían acelerar la llegada de la Era Mesiánica en la que Dios restauraría el honor de su pueblo.[63] Probablemente esta era la opinión de Pablo; al parecer fue un respetado líder fariseo y pudo ordenar a los judíos de la diáspora residentes en Jerusalén que se resistieran a la asimilación de los valores grecorromanos y evitaran cualquier actividad antirromana que pudiera provocar represalias militares. El héroe bíblico de estos fariseos más rigurosos era el sacerdote Finés. Durante sus años en el desierto, los israelitas habían sucumbido a la adoración de dioses locales y Yahveh les había castigado con una plaga que mató a veinticuatro mil entre su gente. Pero Finés había logrado aplacar la ira de Dios al matar a uno de esos pecadores y a su esposa madianita y fue elogiado por su celo para con la

---

62. Gálatas 1:14.

63. Richard A. Horsley, «Introduction», en Richard A. Horsley, ed., *Paul and Empire: Religion and Power in Roman Imperial Society* (Trinity Press International, Harrisburg, FA, 1997), 206.

ley de Dios.[64] Este era el espíritu con el que Pablo perseguiría a las comunidades de seguidores de Jesús.

Sin embargo, parece que no tuvo problemas con los Doce y los prosélitos de Judea de Jesús, que eran más fieles a la tradición ancestral. Según Lucas, lejos de denunciar el culto, como Esteban, no dejaban de reunirse en el templo ni un solo día.[65] De hecho, se dice que el venerado fariseo Gamaliel, cuyas ideas eran más liberales que las de Pablo, había aconsejado al Sanedrín que dejara en paz a los seguidores de Jesús: si lo que se proponen hacer era de origen humano, fracasaría como otros grupos de protesta recientes antes que ellos.[66] Pero para Pablo, los seguidores helenísticos de Jesús estaban insultando todo lo que él consideraba más sagrado, y temía que su devoción hacia un hombre ejecutado tan recientemente por las autoridades romanas pusiera en peligro a toda la comunidad. El propio Pablo nunca había tenido tratos con Jesús antes de su muerte, pero se habría quedado horrorizado al enterarse de que Jesús había profanado el templo y sostenido que algunas leyes de Dios eran más importantes que otras. Para un fariseo con ideas extremistas, como Pablo, un judío que no cumpliera cada uno de los mandamientos estaba poniendo en peligro al pueblo judío, ya que Dios podía castigar dicha infidelidad tan severamente como había castigado a los antiguos israelitas en tiempos de Moisés.

Pero por encima de todo, Pablo estaba escandalizado por la ultrajante idea de un Mesías crucificado.[67] ¿Cómo

---

64. Números 25.

65. Hechos 2:46.

66. Hechos 5:34-39.

67. 1 Corintios 1:22-25.

podía un criminal convicto restaurar la dignidad y libertad de Israel? Era una completa farsa, un escándalo, una burla. La Torá era inflexible en que semejante hombre estaba contaminado sin remedio: «Si alguien, por ser culpable de un delito, es condenado a la horca, no dejarás el cuerpo colgado del árbol durante la noche, sino que lo sepultarás ese mismo día. Porque cualquiera que es colgado de un árbol está bajo la maldición de Dios. No contaminarás la tierra que el Señor tu Dios te da como herencia».[68] Es cierto que sus prosélitos insistían en que Jesús había sido sepultado el día de su muerte, pero Pablo sabía muy bien que la mayoría de soldados romanos tenían poco respeto por los sentimientos judíos y pudieron haber dejado el cuerpo de Jesús en la cruz para que fuera devorado por las aves de presa. Aunque no fuera culpa suya, ese hombre era una abominación y había contaminado la Tierra de Israel.[69] Imaginar que esos restos profanados habían resucitado y se alzaban a la derecha de Dios era abominable, impensable y blasfemo. Cuestionaba el honor de Dios y de su pueblo y retrasaba la anhelada venida del Mesías, por lo que, creía Pablo, su deber era erradicar esa secta.

Pablo desempeñó sólo un papel pasivo en el apedreamiento de Esteban, pero cuando los helenos siguieron difundiendo sus blasfemas ideas, pasó a la ofensiva: «Entraba de casa en casa, arrastraba a hombres y mujeres y los metía en la cárcel».[70] No vacilaba en emplear la fuerza bruta y más tarde recordaría a sus seguidores «cuán salvajemente perseguí a la

---

68. Deuteronomio 21:22-23.

69. Gálatas 3:13.

70. Hechos 8:3.

iglesia de Dios y traté de destruirla [*eporthoun*]», verbo griego que implica destruir completamente.[71] Algunas de sus víctimas pudieron ser condenadas a treinta y nueve latigazos en la sinagoga; otras pudieron ser golpeadas o incluso linchadas como Esteban, hasta que finalmente la comunidad de habla griega de seguidores de Jesús de Jerusalén habría sido erradicada de la ciudad. Como explicaba Lucas, fue éste «un tiempo de persecución contra la iglesia de Jerusalén, y todos, *excepto los apóstoles*, se dispersaron por las regiones de Judea y Samaria».[72] Mientras las congregaciones arameas unidas en torno a los Doce fueron dejadas en paz, los helenos expulsados comenzaron su misión en la diáspora, poniéndose en camino hacia «Fenicia, Chipre y Antioquía, sin anunciar a nadie el mensaje excepto a los judíos».[73]

Algunos se convirtieron en miembros activos de las sinagogas de Damasco, y cuando Pablo se enteró de ello, nos dice Lucas, «murmurando todavía amenazas de muerte contra los discípulos del Señor», solicitó permiso al sumo sacerdote para arrestarles y llevarlos presos a Jerusalén para que fueran castigados.[74] No obstante, es bastante improbable que el sumo sacerdote hubiera intervenido en los asuntos de una comunidad de emigrados, aunque es posible que Pablo fuera despachado por algunos de los fariseos más celosos para proteger a la comunidad judía de Damasco, cuya situación en aquel tiempo era extremadamente precaria.[75]

---

71. Gálatas 1:13.

72. Hechos 8:1. Cursivas de la autora.

73. Hechos 11:19.

74. Hechos 9:1-2.

75. Hengel, *Pre-Christian Paul*, 76-77.

Treinta años más tarde, al comienzo de la Guerra de los Judíos contra Roma, todos los judíos de Damasco serían rodeados bajo una acusación general de sedición, amontonados en el gimnasio y asesinados sistemáticamente en menos de una hora. La noticia de que un aspirante mesiánico ejecutado por un gobernador romano había resucitado y pronto regresaría para destruir a sus enemigos podría poner en peligro a toda la comunidad.[76] Pablo se puso en marcha para impedir esa catástrofe, pero su vida daría un giro absoluto a causa de una experiencia totalmente inesperada en el camino hacia Damasco.[77]

Cuenta Lucas que justo antes de llegar a la ciudad, Pablo fue derribado de su caballo y cegado por una luz procedente del cielo. Oyó una voz que decía: «Saulo, Saulo, ¿por qué me persigues?» Cuando Pablo preguntó quién hablaba, la voz replicó: «Yo soy Jesús, a quien tú persigues», y le ordenó que se levantara y esperara instrucciones en Damasco.[78] Lucas expresó sin duda un aspecto esencial de la conversión de Pablo: había descubierto de repente la terrible paradoja de su posición. Más tarde trataría de explicar el dilema del fa-

---

76. Paula Fredriksen, «Judaism, the Circumcision of Gentiles, and Apocalyptic Hope: Another Look at Galatians 1 and 2», *Journal of Theological Studies* 42, n.º 2 (Oct. 1991), 532-64.

77. John Knox, *Chapters in a Life of Paul*, rev. ed. (Mercer University Press, Macon, GA, 1987), 95-106; Arthur J. Dewey et al., trad., *The Authentic Letters of Paul: A New Reading of Paul's Rhetoric and Meaning* (Polebridge Press, Salem, OR., 2010), 149-150; Horsley y Silberman, *The Message and the Kingdom,* 122-26; Krister Stendahl, *Paul among Jews and Gentiles* (Fortress Press, Filadelfia, 1976); Martin Hengel y Anna Maria Schwemer, *Paul between Damascus and Antioch: The Unknown Years*, trad. John Bowden (SCM Press, Londres, 1997), 39-42; Dieter Georgi, *Theocracy in Paul's Praxis and Theology*, trad. David E. Green (Fortress Press, Minneapolis, MN, 1991), 18-25.

78. Hechos 9:3-6, 22:5-16, 26:10-18.

nático irredento que había sido: «De hecho, no hago el bien que quiero, sino el mal que no quiero».[79] Pablo se había estado esforzando por acelerar la llegada del Mesías; ese era el «bien» que trataba de hacer. Pero en un momento de asombrosa lucidez se había dado cuenta de que los prosélitos de Jesús estaban en lo cierto y que la persecución de su comunidad había impedido en realidad la llegada de la Era Mesiánica. Y por si ello no bastara, su violencia había quebrantado los principios fundamentales de la Torá: Ama a Dios y ama a tu prójimo. Su excesivo ardor por el cumplimiento de la ley le había hecho olvidar el mandamiento divino más importante: «No matarás». «En lo íntimo de mi ser me deleito en la ley de Dios; pero me doy cuenta de que en los miembros de mi cuerpo hay otra ley, que es la ley del pecado. Esta ley lucha contra la ley de mi mente y me tiene cautivo», reflexionaría más tarde sobre el dilema en que se encontraba. «¡Soy un pobre miserable! ¿Quién me librará de este cuerpo mortal? ¡Gracias a Dios por medio de Jesucristo nuestro Señor!»[80] Al mostrarle el cuerpo torturado y mancillado de Jesús, gloriosamente en pie a su derecha, Dios había liberado por fin a Pablo de su terrible dilema y éste pasaría el resto de su vida tratando de comprender las implicaciones de una visión que fue al mismo tiempo devastadora —arrancó a Pablo de todo lo que había dotado de sentido su vida hasta entonces—, pero también profundamente liberadora.

---

79. Romanos 7:19; Robert Jewett, «Romans», en James D. G. Dunn, ed., *The Cambridge Companion to St Paul* (Cambridge University Press, Cambridge, UK, 2003), 97-98.

80. Romanos 7:22-25.

En algunos aspectos la experiencia de Damasco que narra Lucas fue muy diferente de la de Pablo. En los Hechos de los Apóstoles, Lucas la denomina «visión» (*orama*), «éxtasis» (*ektasis*), o «*aparición*» (*optasia*), pero cuando describió los encuentros de los discípulos de Jesús con el Cristo resucitado en su evangelio no empleó ninguna de esas palabras. Esos primeros encuentros, creía Lucas, habían sido acontecimientos objetivos, físicos. Jesús había caminado, hablado y comido con ellos tal como hacía antes de la crucifixión. La experiencia «visionaria» de Pablo no guardaba ninguna semejanza con ello. De hecho, Lucas se esforzó por explicar que Pablo en realidad *no vio* a Jesús; dado que había sido cegado por la luz, únicamente oyó su voz. En resumen, Lucas no consideró a Pablo un testigo de la resurrección como lo habían sido los Doce. Pero para Pablo lo más importante de su experiencia fue que en realidad él sí vio al Señor y que Jesús se le apareció exactamente de la misma manera en que lo había hecho a los Doce.[81] Se trataba de una afirmación controvertida que a menudo sería rebatida. Para Pablo, un apóstol era alguien que había visto a Cristo resucitado. «¿No soy apóstol? ¿No he visto a Jesús nuestro Señor?», preguntaba.[82] En una carta a sus conversos de Corinto, relataba lo que se había convertido en una importante tradición en el cristianismo, enumerando por orden las visiones de Pedro, los Doce, los quinientos hermanos y Jacobo, concluyendo: «Y, por último, como a uno nacido fuera de tiempo, se me apareció también a mí».[83] No se trataba

---

81. 1 Corintios 9:1.

82. *Ibid.*

83. 1 Corintios 15:8 (Biblia de Jerusalén).

de una conversión en el sentido habitual, ya que Pablo no cambió de religión. Durante el resto de su vida se consideraría un judío e interpretó la revelación de Damasco en términos enteramente judíos: había sido llamado de la misma forma en que Dios había llamado a Isaías; Dios había elegido a Pablo, como a Jeremías, cuando todavía se encontraba en el vientre materno.[84]

En el relato de Lucas de los Hechos de los Apóstoles, Jesús se apareció a sus discípulos durante un periodo limitado de cuarenta días, tras el cual ascendió a los cielos. De modo que Lucas creía que la visión de Pablo, ocurrida años después de la ascensión, era esencialmente distinta de las visiones de Pascua de los Doce.[85] Pero Lucas escribió décadas después de la experiencia de Damasco. Cuando Pablo estaba dictando sus cartas en la década de los años 50, las historias de las reuniones físicas de Jesús con los Doce todavía no formaban parte de la tradición. Pablo no sabía nada del periodo de cuarenta días y nunca había oído hablar de la ascensión de Jesús como un hecho independiente porque en aquellos primeros años resurrección y ascensión formaban un único evento: Dios había resucitado el cuerpo de Jesús en su tumba y le había llevado inmediatamente a los cielos. Marcos, el primer evangelista, que escribió a finales de la década de los sesenta del siglo I d.C., todavía contemplaba la resurrección de esa manera. Describió a las mujeres que se dirigían a ungir el cuerpo de Jesús tras el Sabbat, tres días después de su muerte, y se encontraron con que la tumba estaba vacía. «Ha resucitado», les informó un ángel; «no está aquí», y las mu-

---

84. Gálatas 1:15; cf. Isaías 49:1,6; Jeremías 1:5.

85. Lucas 24; Hechos 1:3-11.

jeres «se precipitaron fuera de la tumba, temblorosas y desconcertadas». Marcos deja al lector cuestiones sin respuesta: «No dijeron nada a nadie, porque tenían miedo».[86]

Pablo fue realmente un místico; que sepamos, fue el primer místico judío que puso por escrito sus experiencias. El misticismo judío primitivo no era una actividad plácida ni yóguica; un visionario judío experimentaba una ascensión a través de los cielos hasta llegar al trono de Dios, regresando con noticias terribles sobre el inminente juicio divino al mundo.[87] Pablo describió un vuelo celestial exactamente de ese modo en otra carta a los corintios, y algunos estudiosos creen que podría estar describiendo su experiencia de Damasco en este pasaje.[88] Pero otros discrepan. Señalan que Pablo se muestra vacilante, confundido y ambiguo sobre su ascensión al tercer cielo, pero en su carta a los gálatas escribe con bastante claridad sobre su encuentro en Damasco con Jesús, que parece haber sido muy distinto.[89] En la experiencia de vuelo celestial, un místico judío inducía sus visiones mediante laboriosos preparativos, ayunando y permaneciendo durante horas con la cabeza entre las rodillas, murmurando las divinas plegarias.[90] Pero para la visión de Damasco no hubo preparación, puesto que sucedió repentinamente, «cuando nadie la esperaba».

---

86. Marcos 16:6, 8. El último párrafo del evangelio que describe las apariciones de Jesús fue añadido más tarde para unir el relato de Marcos con esta tradición tardía.

87. Alan F. Segal, *Paul the Convert: The Apostolate and Apostasy of Saul the Pharisee* (Yale University Press, New Haven, CT, y Londres, 1990), 38-39.

88. 2 Corintios 12:2-4, 7.

89. Knox, *Chapters*, 101-103.

90. Louis Jacobs, *The Jewish Mystics* (Kyle Cathie, Londres, 1990), 23.

El estudioso norteamericano Alan F. Segal nos ayuda a comprender cómo conceptualizaban sus visiones del Cristo resucitado los discípulos primitivos de Jesús.[91] La ascensión física de Jesús ya había tenido precedentes: Adán, Henoc, Moisés y Elías, de los que se dijo que habían sido llevados en cuerpo a los cielos; los místicos les vieron allí sentados en tronos de oro. Después de que el profeta Ezequiel fuera deportado a Babilonia en el año 597, tuvo una visión de Yahveh que dejó una impronta indeleble en la imaginación judía. Vio al Dios de Israel abandonando la Tierra Santa y viajando para unirse a los exiliados en un carro de guerra tirado por cuatro extrañas bestias. Por encima de sus cabezas, Ezequiel vio algo que se escapaba a cualquier definición. «Había algo semejante a un trono de zafiro, y sobre lo que parecía un trono había una figura de aspecto humano.» Esta figura humana estaba rodeada de un nimbo de fuego y luz, «tal era el aspecto de la gloria [*kavod*] del Señor».[92] No se podía ver jamás al propio Dios —era algo que sobrepasaba la capacidad humana—, pero se podía atisbar la «gloria» de Dios, una especie de resplandor de la divina presencia adaptado a las limitaciones de la percepción humana. En la tradición israelita, la «figura con aspecto humano» de la visión de Ezequiel estaba a veces relacionada con el ángel que había guiado al pueblo de Israel a través del desierto hasta la Tierra Prometida. «Prestadle atención», les había ordenado Dios, «porque va en *representación mía*».[93] Este núcleo de imágenes ayudó a Pablo y a los Doce a comprender lo que sucedió en Pascua; también explica por

---

91. Segal, *Paul the Convert*, 39-64.

92. Ezequiel 1: 26, 28; 2:1.

93. Éxodo 23:20-21. Cursiva de la autora.

qué su percepción de lo que le había ocurrido a Jesús fue tan amplia y rápidamente aceptada por tantos judíos en los comienzos del cristianismo primitivo.

En el cuerpo resucitado de Jesús ocupando su trono celestial, sus discípulos vieron la *kavod* de Dios: «Hemos contemplado su gloria, la gloria que corresponde al Hijo unigénito del Padre, lleno de gracia y de verdad».[94] En una de sus cartas, Pablo citaba un himno muy antiguo que relacionaba a Jesús resucitado, el Cristo, con el «nombre» y la «gloria» de Dios. El Mesías crucificado había concedido a unos pocos seres humanos un extraordinario atisbo de lo divino. Había sido elevado a las alturas celestiales por «anularse a sí mismo», por humillarse, hasta el punto de aceptar la muerte en una cruz: «Por eso Dios lo exaltó hasta lo sumo y le otorgó el nombre que está sobre todo nombre, [...]», para que toda lengua confiese que Jesucristo es el Señor [*Kyrios*], para gloria de Dios Padre.[95]

En lugar de llamar visión a su encuentro con Jesús en Damasco, Pablo lo vivió como un *apocalupsis*, una «revelación».[96] Como la palabra latina *revelatio*, la palabra griega *apocalupsis* significa desvelamiento. Repentinamente se corrió un velo que estaba allí ocultando la realidad, pero que nunca antes había sido detectado. En Damasco, Pablo sintió que de sus ojos habían sido retiradas unas escamas y había adquirido una visión totalmente nueva de la naturaleza de Dios. Para Pablo el fariseo, Dios era totalmente puro y libre de contaminación. Como sacerdote que debía permanecer en presencia de Dios en el templo, un fariseo tenía que purificarse si tenía cualquier

---

94. Juan 1:14.

95. Filipenses 2:6-11.

96. Gálatas 1:16.

contacto físico con un cadáver, porque el Dios que era la vida en sí mismo no podía tener nada que ver con la corrupción de la muerte. Pero cuando Pablo vio que Dios había abrazado el cuerpo sucio y degradado de Jesús y lo había ascendido a las alturas, se dio cuenta de que en realidad Dios tenía unos valores muy diferentes. Al honrar a Jesús de esta manera, Dios había señalado un cambio en el modo de aproximarse a la humanidad. A un hombre sentenciado a muerte por la ley romana Dios le había dicho: «Siéntate a mi derecha y yo pondré a tus enemigos como estrado a tus pies». Había resucitado un cuerpo que la Torá consideraba especialmente contaminado, de hecho maldito, diciendo a Jesús: «Tú eres mi hijo; hoy mismo te he engendrado». El antiguo orden había dejado de existir. ¿Quién era ahora el poderoso y quién el humilde? ¿Quién estaba cerca de Dios y quién lejos de él?

Cuando Pablo describió su experiencia de Damasco a sus discípulos de Galacia, sólo dijo que Dios le había elegido «para revelarme a su Hijo para que yo lo predicara entre los gentiles».[97] Y al ver el cuerpo ultrajado de Jesús a la derecha de Dios, comprendió exactamente por qué había recibido esa misión. Había elegido vivir en la Tierra Santa porque el mundo gentil era impuro. Los judíos tendían a mirar a las naciones no judías como sucias y moralmente inferiores. Pero al resucitar a Jesús y ascenderle a los cielos, Dios había demostrado que él no juzgaba según esos patrones terrenos y que estaba de parte de la gente despreciada y denigrada por las normas y leyes de este mundo. Dios no tenía favoritos. Había llegado el momento de llevar la nueva del Dios Único a las naciones paganas.

---

97. Gálatas 1:15-16, según traducción en Segal, *Paul the Convert*, 13.

2
Antioquía

Entramos ahora en un periodo de unos quince años de la vida de Pablo de los que sabemos muy poco. Lucas pasa de puntillas sobre ellos y el propio Pablo apenas los menciona, debido tal vez a que fueron tan amargos que su recuerdo le resultaría doloroso. Inmediatamente después de su visión en Damasco nos dice lo siguiente: «Sin consultar a nadie, sin subir a Jerusalén para ver a los que eran apóstoles antes que yo, fui de inmediato a Arabia».[98] En esta carta Pablo se mostraba ansioso por dejar clara su independencia de los Doce y de la comunidad de Jerusalén. Siempre insistió en que había sido nombrado para su misión por el propio Cristo y no había necesitado la aprobación de los líderes de Jerusalén. Su insistencia en este punto hace pensar que una evitación tan deliberada de los Doce resultaría muy extraña, e incluso sospechosa. Pero Pablo tenía buenas razones para creer que sería persona non grata en la Ciudad Santa. Los seguidores de Jesús habrían encontrado sin duda sospechosa

---

98. Gálatas 1:16-17.

su repentina conversión y también podría haber temido represalias de sus antiguos amigos fariseos por su aparente apostasía. De modo que partió inmediatamente hacia el mundo de los gentiles a cumplir su misión.

Pero ¿por qué Arabia en lugar de las ciudades de Fenicia o Palmira? Había buenas razones prácticas para su elección. El Reino de los Nabateos en la región meridional de Palestina, en lo que ahora es Jordania y el noroeste de Arabia Saudí, era el vecino más poderoso de Israel. Cuando Pablo llegó allí el año 33/34 d.C., había adquirido una gran riqueza gracias al estricto control de las rutas comerciales de Arabia meridional y el golfo Pérsico por las que se transportaban artículos de lujo tales como especias, oro, perlas y medicinas extrañas para el mundo mediterráneo. Bajo el rey Aretas IV, la ciudad de Petra, excavada en arenisca roja, se había convertido en una maravilla local. Tenía una población judía importante, por lo que Pablo probablemente predicó en algunas de las sinagogas de las mayores ciudades nabateas a los «temerosos de Dios» (*theosebes*), gentiles que admiraban la fe judía, asistían a los servicios y disfrutaban con la lectura de las escrituras, aunque ninguno había culminado el largo y difícil proceso de la conversión plena. Las relaciones políticas y económicas con Judea eran buenas; se creía que los árabes eran descendientes de Ismael, primogénito de Abraham con su concubina Agar.[99] Eran por lo tanto tribus emparentadas y, por su parte, los árabes se consideraban miembros de la familia abrahámica y circuncidaban a sus hijos. Los profetas Isaías y Jeremías habían profetizado ambos que en el fin de los tiempos Nabatea sería una de las naciones que acudiría a adorar a

---

99. Génesis 16:3-16, 21:8-21.

Yahveh en Jerusalén,[100] así que Pablo pudo pensar que Arabia era un buen lugar para comenzar su misión.[101]

No cuenta nada sobre sus actividades allí, de modo que sólo podemos especular sobre aquellos años. Debió dedicar mucho tiempo a meditar y a orar, tratando de entender las implicaciones de la experiencia de Damasco y resulta tentador elucubrar acerca de la influencia que pudo ejercer ésta sobre su estancia en Arabia. Durante el resto de su vida como misionero, Pablo se mantendría haciendo trabajos manuales[102] y, como afirma Lucas basándose en una tradición fiable, fabricando tiendas de campaña y trabajando también como curtidor (*skenopoios*).[103] La Mishná recomendaría más tarde a los estudiantes de la Torá que combinaran los estudios con un trabajo práctico, de manera que se supone que Pablo aprendió el oficio durante su aprendizaje con Gamaliel, que según Lucas fue su maestro.[104] Pero esta práctica rabínica no está atestiguada hasta mediados del siglo II d.C. Fabricar tiendas era especialmente importante en Arabia, donde los beduinos locales eran conocidos como *sarakenoi*, los que habitan en tiendas. Si realmente aprendió este oficio en Arabia, Pablo habría sabido cortar el cuero y conocería el intrincado arte de coser las piezas para que la tienda resultara impermeable. Habría pasado muchas horas al día doblado sobre su banco de

---

100. Isaías 60:7; Jeremías 12:15-17.

101. Horsley y Silberman, *The Message and the Kingdom*, 114-25; Hengel y Schwemer, *Paul between Damascus and Antioch*, 109-11.

102. 1 Corintios 4:12.

103. Hechos 18:3.

104. M. Aboth 2:2. Lucas es el único que afirma que Pablo estudiara con Gamaliel (Hechos 22:3); Pablo nunca lo mencionó.

trabajo, con las manos callosas y rígidas, por lo que los trazos de su escritura se volvieron excepcionalmente grandes.[105]

Esta profesión le permitió ser económicamente independiente y le proveyó incluso en ocasiones de un lugar donde vivir.[106] También era el contexto de gran parte de su apostolado. Los grandes maestros describen a menudo a Pablo predicando a grandes multitudes en hermosas columnatas y amplios salones, pero probablemente deberíamos imaginárnoslo difundiendo el evangelio en su taller. Fabricar tiendas era un trabajo silencioso y le habría permitido hablar de sus ideas sobre Jesús y su Reino con otros trabajadores y con los clientes. Los talleres solían estar situados en el ágora («mercado») o en la parte posterior de una tienda. Pablo no tenía tiempo para conferencias públicas porque trabajaba muchas horas. «Recordaréis, hermanos, nuestros esfuerzos y fatigas para proclamaros el evangelio de Dios y cómo trabajamos día y noche para no seros una carga.»[107] Lo habitual para un artesano era levantarse antes del amanecer para disponer de todas las horas de luz y, si querían verle, sus discípulos tenían que acudir a su taller.

No todos los apóstoles se ganaban la vida de ese modo y algunos de sus adversarios creían que rebajarse a los grados más bajos de la sociedad desprestigiaba el evangelio. Pero después de la experiencia de Damasco, Pablo quería superar esas distinciones. A diferencia de muchos discípulos de Jesús, había

---

105. Cf. Gálatas 6.11. Para Pablo como fabricante de tiendas de campaña, ver la excelente monografía de Ronald F. Hock, *The Social Context of Paul's Ministry: Tentmaking and Apostleship* (Fortress Press, Minneapolis, MN, 2007).

106. Hechos 18:3, 11.

107. Tesalonicenses 2:9.

nacido en la élite social y pudo dedicar su vida al estudio, un lujo sólo posible para las clases ociosas. En todas las sociedades premodernas, las clases altas se distinguían fundamentalmente del resto de la población por su capacidad de vivir sin trabajar.[108] El historiador de la cultura Thorstein Veblen explica que en esas sociedades «el trabajo se asocia [...] a debilidad y sumisión». El trabajo no sólo era «indigno [...], sino moralmente imposible para los nobles».[109] Los artesanos eran a menudo tratados con desprecio, lo cual, dada la educación relativamente privilegiada de Pablo, debió resultarle especialmente duro. Pero al abandonar deliberadamente ese estilo de vida en solidaridad con los trabajadores, Pablo practicaba una *kénosis* diaria o «autoanulación», similar a la de Jesús cuando «se rebajó voluntariamente, tomando la naturaleza de siervo».[110] De hecho, Pablo dijo que al adoptar esta ocupación de baja categoría, se había hecho esclavo.[111] Era una vida dura. También dijo que él y sus colegas realizaban «trabajos pesados y dormían poco»,[112] y «pasamos hambre, tenemos sed, nos falta ropa», «con estas manos nos matamos trabajando» y «se nos considera la escoria de la tierra, la basura del mundo».[113]

Vivir en Arabia pudo hacer consciente a Pablo de la importancia de Abraham, que desempeñaría un notable papel

108. John Kautsky, *The Politics of Aristocratic Empires*, con una nueva introducción del autor (Transaction Publishers, New Brunswick, NJ, 1997), 178.

109. Thorstein Veblen, *The Theory of the Leisure Class: an Economic Study of Institutions* (Houghton Mifflin, Boston, 1973), 41, 45. Thorstein Veblen, *Teoría de la clase ociosa*, Alianza Editorial, Madrid, 2013.

110. Filipenses 2:7 (Biblia de Jerusalén).

111. 1 Corintios 9:19.

112. 2 Corintios 6:5.

113. 1 Corintios 4:11-13.

en su teología.[114] Muchos judíos situaban el monte Sinaí (donde Moisés recibió la Torá de Dios) en el sur de Nabatea. El hecho de que Sinaí estuviera cerca de Agra, su segunda ciudad en importancia, causó una gran impresión en Pablo, porque la ciudad pudo ser llamada así por Agar, la concubina de Abraham. De ahí que Pablo asociara a Agar con la Torá, y su condición de esclava simbolizaría la sumisión de la Ley Mosaica de la que, creía él, Cristo le había liberado.[115] Cuando recordaba su vida como un fariseo justiciero, Pablo creía haber sido esclavo de lo que él llamaba «pecado». Siempre negaría con firmeza que la ley fuera igual a pecado; no, insistía, la Torá era «una cosa buena», pero a pesar de su estricto cumplimiento de los mandamientos, había sido «un prisionero de la ley del pecado que controla mi conducta».[116] Él era, por lo tanto, «un esclavo del pecado», porque le había resultado imposible hacer lo que sabía, en su corazón, que era bueno.[117] Para Pablo el pecado era un poder demoníaco ante el que somos prácticamente impotentes. Hoy podemos vincular este concepto de «pecado» a los impulsos reptilianos instintivos que los neurólogos han localizado en lo más profundo de nuestro cerebro, sin los cuales nuestra especie no podría haber sobrevivido. Estos impulsos nos impelen a huir de un peligro, a luchar por el territorio y el estatus, a apoderarnos de los recursos disponibles y a perpetuar nuestros genes. Los impulsos «yo lo primero» que hemos heredado de nuestros antepasados

---

114. Gálatas 3:6-9.

115. Gálatas 4:22-24.

116. Romanos 7:7, 13, 23.

117. Romanos 7:14-15.

reptiles son automáticos, inmediatos y poderosos; forman parte de todas nuestras actividades, incluyendo la religión, y resulta extremadamente difícil oponerles resistencia. Pablo recordaría su antiguo fervor por la ley como algo depravado, porque había estado poseído por un chauvinismo egoísta que le había impulsado a luchar, a destruir e incluso a matar a sus camaradas judíos para preservar el honor y el estatus de su pueblo.

Pero si Agar representaba su antiguo yo, su marido, Abraham, simbolizaba el camino a seguir. Según la tradición judía, Abraham viajó una vez por la ruta de las especias, realizando un circuito ritual de la tierra que Dios había prometido a sus descendientes.[118] Mientras viajaba ahora por Arabia, Pablo se encontró siguiendo los pasos de Abraham. Mucho antes de que la Torá le fuera revelada a Moisés en el monte Sinaí, Dios declaró que Abraham era un hombre justo por su confianza (*pistis*) en Él.[119] Antes de que Abraham hubiera sido circuncidado, Dios había prometido que todas las familias de la tierra serían bendecidas por medio de él.[120] Mientras consideraba su misión entre los gentiles, Pablo habría considerado a Abraham una figura fundamental. Abraham no era judío de nacimiento, pero se había convertido en el antepasado del pueblo judío, de manera que en cierto sentido era judío y gentil al mismo tiempo. Como a Abraham, Dios también había ordenado a Pablo que abandonara su antiguo modo de vida y viajara a tierras extranjeras; también él había sido llamado a fundar

---

118. Génesis apócrifo 15-19.

119. Romanos 4.

120. Génesis 12:3, 15:6; cf. Romanos 4:1-25.

una nueva clase de familia, que incluyera a judíos y gentiles.[121] Puede que Pablo hubiera oído que Juan el Bautista había alertado a sus oyentes judíos de que no confiaran en que tenían a Abraham por padre,[122] y que Jesús había predicho que cuando hubiera venido su Reino, acudirían gentiles desde muy lejos para comer en la misma mesa que Abraham, Isaac y Jacob.[123] Ambos hacían alusión a la futura misión de Pablo entre los paganos a través de la cual se cumpliría la antigua promesa de Dios a Abraham.

Pero Pablo se encontraba en Arabia en el momento menos propicio. En el 34 d.C., Herodes Antipas había invadido el territorio nabateo, donde estableció un enclave israelita al sur del mar Muerto. Pero en un ataque sorpresa, el rey Aretas acabó con los mercenarios de Herodes y finalmente Antipas perdió el favor de Roma siendo exiliado a Lugdunum (ahora Lyon) en la provincia de la Galia. Muchos judíos vieron su caída como un castigo divino por haber ejecutado a Juan el Bautista, mientras que los seguidores de Jesús estaban convencidos de que anunciaba la inminente llegada del Reino de Dios. Como resultado de este caos político, Pablo pudo verse obligado a regresar a Damasco, donde al parecer su prédica subversiva llamó la atención del rey Aretas, quien era ahora el principal representante de Roma en la zona. Por eso tuvo que huir para salvar la vida, y sus amigos le ayudaron a escapar bajándole por la muralla de la ciudad en un canasto.[124]

---

121. Romanos 3:29-31.

122. Lucas 3:8Q.

123. Lucas 13:28Q.

124. 2 Corintios 11:32-33; Hechos 9:25.

Cuando se encontró a salvo fuera del territorio de Aretas, pasó dos semanas en Jerusalén como invitado de Pedro. Se trató de una visita discreta o incluso puede que clandestina, porque todavía temía la venganza de antiguas víctimas y compañeros. Se estaba ocultando: «No vi a ningún otro apóstol; sólo vi a Jacobo, el hermano del Señor», diría más tarde a los gálatas.[125] En aquel momento, Pedro era todavía el líder indiscutible de la congregación de Jerusalén, pero Jacobo pudo encabezar el sector más conservador del movimiento de Jesús, que cumplía más estrictamente la Torá. Sería fascinante saber de qué hablaron. Pedro le contaría sin duda muchas de las historias tradicionales sobre Jesús, y Pablo pudo transmitir a Pedro sus nuevos conocimientos sobre la importancia de Abraham. Como único intelectual del movimiento, pudo ser capaz de expresar sus ideas de forma convincente y ejercer una considerable influencia sobre Pedro, que llegaría a aceptar algunas de sus opiniones.[126]

Al cabo de quince días, Pablo volvió a emigrar y no volvería a Jerusalén en catorce años. De nuevo en el camino, viajó a Cilicia, pero tampoco sabemos nada de lo que hizo allí.[127] Puede que continuara realizando el legendario circuito de Abraham por la Tierra Prometida, siguiendo sus pasos por la costa mediterránea y dirigiéndose en dirección este hacia la región de los montes Tauro hasta llegar al río Éufrates.[128]

---

125. Gálatas 1: 18, 23.

126. Hechos 10: 1-11:18.

127. Gálatas 1: 21.

128. Génesis apócrifo 15-19; Hengel y Schwemer, *Paul between Damascus and Antioch*, 174-77.

Según la topografía judía, al otro lado de los montes Tauro se encontraba el territorio que había sido asignado a Jafet, hijo menor de Noé, después del Diluvio. Algún día Pablo se internaría en este reino extranjero, pero entonces prefirió quedarse en la tierra del hijo mayor de Noé, Shem, antepasado de los pueblos semitas.[129] Puede que fundara algunas iglesias en Cilicia, pero no tenemos pruebas de ello. Más tarde, en el año 40, fue llamado a Antioquía, la tercera ciudad en importancia del Imperio de Oriente.

Según Lucas, el movimiento había hecho grandes progresos en Antioquía, donde la predicación a los helenos, que habían sido expulsados de Jerusalén, había atraído a gran número de fieles, excepcionalmente numerosos en esta ciudad.[130] A diferencia de Roma o Alejandría, Antioquía no tenía un barrio judío separado, de manera que la congregación judía estaba dispersa por toda la ciudad. Los habitantes de Antioquía sentían curiosidad por la religión; muchos habían sido atraídos al judaísmo, y cuando visitaron las congregaciones domésticas de los seguidores del Mesías, muchos de ellos se sintieron en casa. Sus propias tradiciones estaban llenas de *entheos* («posesiones por un dios»), de manera que habrían disfrutado de las ruidosas y entusiastas reuniones de los prosélitos de Jesús, quienes, bajo la inspiración del Espíritu Santo, eran inducidos a la glosolalia («don de lenguas»), visiones, éxtasis y a inspirados discursos proféticos. Los nuevos fieles también descubrieron que en cuanto eran bautizados se convertían en miembros de pleno derecho de la congregación en

---

129. Libro de los Jubileos 8:12.

130. Hechos 11:20-21; Hengel y Schwemer, *Paul between Damascus and Antioch*, 189-91.

lugar de seguir siendo ciudadanos de segunda en las sinagogas de la ciudad.

Cuando las noticias de estas conversiones llegaron a Jerusalén, los Doce se sintieron naturalmente intrigados, pero pensaron que era mejor mantener la cautela. Pedro había bautizado a fieles sin insistir en que fueran circuncidados, aunque no en tan gran número. Quizá fuera ésta otra señal de que el Reino de Dios estaba cerca, porque los profetas habían vaticinado que en los Últimos Días pueblos gentiles de todo el mundo reconocerían por fin al Dios de Israel. Pero ¿era realmente auténtica la fe de estos sirios? ¿Seguían estando mancillados por sus antiguas prácticas idólatras? Cuando profetizaban o hablaban lenguas, ¿estaban realmente inspirados por el Espíritu Santo o atribuían su carisma a uno de sus antiguos dioses? ¿Era realmente posible que judíos y gentiles sin circuncidar adoraran juntos a Dios? ¿Cómo podían comer los gentiles con judíos cumplidores si no respetaban las leyes sobre los alimentos? Los Doce decidieron enviar a Bernabé a investigar, porque, como judío de Chipre que hablaba arameo y griego, conocía ambos mundos.[131] Como judío de la diáspora, Bernabé sabía que las congregaciones mixtas de judíos y gentiles eran muy comunes fuera de Judea. De hecho, las sinagogas de la diáspora no solían animar a los fieles a que se convirtieran en prosélitos, porque las autoridades romanas se alarmaban si había demasiadas conversiones.[132] Pero cuando llegó a Antioquía, Bernabé pudo decidir que los conversos gentiles necesitaban profundizar en las Escrituras Hebreas y que Pablo, un fariseo culto que había

---

131. Hechos 11:22-24, 13:1.

132. Segal, *Paul the Convert*, 86-87.

predicado durante años a los gentiles, era la persona adecuada para enseñarles. De modo que, nos dice Lucas, Bernabé «partió para Tarso en busca de Saulo, y cuando lo encontró, lo llevó a Antioquía».[133]

Una vez más, Pablo llegó en un momento especialmente difícil y peligroso. El año anterior, el emperador Calígula, que se había declarado a sí mismo dios al acceder al trono, había decretado que se erigiera su estatua en el templo judío. Petronio, gobernador de Antioquía, fue enviado a Palestina a instalarla, pero cuando llegó al puerto de Ptolemaida, encontró la región cercana llena de miles de campesinos y ciudadanos protestando contra la orden imperial. Dijeron a Petronio que si se colocaba el ídolo en el templo se negarían a recoger las cosechas, lo cual, explicó Petronio al emperador, haría imposible recaudar el tributo anual. Se llegó a un punto muerto que creó mucho resentimiento en Antioquía, donde Calígula era extremadamente popular. Su padre, Germánico, había muerto en la ciudad y había sido reverenciado por el pueblo, y cuando Antioquía quedó devastada por un terremoto en el año 37, Calígula financió su reconstrucción. Al llegar a la ciudad las noticias de que Petronio se había visto frustrado en sus aspiraciones por activistas judíos, se produjeron disturbios: las sinagogas fueron destruidas y muchos judíos asesinados. Cuando mataron a Calígula al año siguiente de la llegada de Pablo, los judíos de Alejandría y Antioquía organizaron revueltas. El nuevo emperador Claudio (41-54 d.C.) sofocó los disturbios, pero reafirmó los derechos tradicionales de los judíos y se restauró una paz precaria.

---

133. Hechos 11:25-26.

Lucas nos cuenta que Antioquía fue el lugar donde a los discípulos de Jesús se les llamó por primera vez «cristianos».[134] Es posible que durante los disturbios que estallaron tras la muerte de Calígula, los oficiales imperiales de Antioquía empezaran a llamar a aquellos judíos que veneraban al Mesías crucificado por Pilatos *Christianoi*, para distinguirlos de los *Herodianoi*, judíos que creían que Herodes Agripa, el nuevo rey judío de Judea partidario de Roma, restauraría la fortuna de Israel.[135] Los *Christianoi* pudieron, por lo tanto, haber sido considerados como posibles disidentes. Pablo sin duda se horrorizó por las pretensiones divinas de Calígula y estaría consternado por la difusión del culto al emperador en Antioquía. Desde el tiempo de Augusto se habían ofrecido en la ciudad sacrificios a Julio César y a la diosa Roma, y el emperador Tiberio (14-37 d.C.) había exigido honores divinos para él y para su hermano Druso. Pero Pablo probablemente no alentó a los *Christianoi* a tomar parte en los disturbios tras la muerte de Calígula; siempre dijo a sus discípulos que «vivieran calladamente» hasta que el Mesías regresara para establecer su Reino, acontecimiento que él estaba seguro se produciría durante su vida.[136]

Tras su llegada, Pablo y Bernabé trabajaron juntos durante un año para crear la congregación de Antioquía sobre una base más firme. En Antioquía, aunque no en Jerusalén, ambos eran considerados auténticos apóstoles en pie de igualdad con los Doce; Bernabé porque había participado en el movimiento desde sus comienzos y puede que incluso cono-

134. Hechos 11:26.

135. Hengel y Schwemer, *Paul between Damascus and Antioch*, 226.

136. 1 Tesalonicenses 4:11; Romanos 13:1-3.

ciera a Jesús, y Pablo por la misión encomendada en Damasco.[137] En Antioquía, Pablo no fue un innovador, pues parece haber preservado las instituciones creadas por los Doce al inicio del movimiento. El bautismo seguía siendo el rito de iniciación. En esta comunidad experimental de judíos y gentiles, el grito bautismal que saludaba a cada nuevo miembro cuando emergía de las aguas tenía una importancia especial: «Ya no hay judío ni griego, esclavo ni libre, hombre ni mujer, sino que todos sois uno solo en Cristo Jesús».[138] Esta actitud pudo haber sido compartida por el propio Jesús, y los griegos que habían llevado el evangelio a Antioquía interpretaron el judaísmo de una forma que realzaba el universalismo inherente al monoteísmo. En la diáspora, la cuestión de la circuncisión de los paganos convertidos no era tan problemática como en la patria judía.[139]

Pablo había heredado también la tradición de la Última Cena de los Doce; su descripción de esa celebración coincide exactamente con la de Marcos en el primer evangelio que nos ha llegado, que está basado en las tradiciones relacionadas con Pedro.[140] Se trataba de una auténtica comida en la que cada uno se hartaba, pero también era una «rememoración»; el pan y el vino se bendecían, tal como lo habían sido durante la última cena que Jesús tomó con los Doce antes de ser

---

137. Clemente de Alejandría (c. 150-c. 215), que escribió al final del siglo I d.C., creía que Bernabé había sido uno de los setenta y dos discípulos de Jesús que fueron enviados a predicar a los pueblos de Galilea (*Stromata* 2.20.112; Hengel y Schwemer, *Paul between Damascus and Antioch*, 218).

138. Cf. Gálatas 3:28 (adaptado).

139. Gálatas 2:3, 7-5; Hengel y Schwemer, *Paul between Damascus and Antioch*, 292-93; Georgi, *Theocracy*, 13.

140. 1 Corintios 11: 23-32; Marcos 14:22-25.

detenido, de modo que la Cena era una recreación ritualizada de su muerte. Pero dado que el centro de la adoración ya no era la Torá sino el Mesías, esto constituía una ruptura con la costumbre judía, así como lo eran las entusiastas manifestaciones del Espíritu Santo.[141] Todos los líderes del movimiento en Antioquía, incluido Pablo, eran profetas y maestros.[142] Cuando deliberaban sobre política de la comunidad, ayunaban y oraban como otros místicos judíos, posiblemente con la cabeza entre las rodillas, en espera de la inspiración.[143] La manifestación del Espíritu Santo en forma de don de lenguas, fervorosos sermones y curaciones era la prueba de que el poder divino liberado por la glorificación de Jesús era ahora una presencia activa en el mundo.[144]

La congregación de Antioquía también realizaba misiones en Chipre, Pamfilia y en el sur de Galacia, donde quizá pudo participar Pablo. El relato de Lucas de lo que se suele llamar el primer viaje misionero de Pablo está lleno de material legendario y resulta evidente que no es histórico.[145] La historia de Sergius Paulus, gobernador de Chipre, aceptando el evangelio, contrasta claramente con el «celoso resentimiento» de las comunidades judías locales, un sesgo que pone de manifiesto la constante preocupación de Lucas por disociar el movimiento del judaísmo.[146] Pero esos relatos también pueden reflejar el empuje general de años de predicación por misio-

---

141. Hengel y Schwemer, *Paul between Damascus and Antioch*, 288-90.

142. Hechos 13:1.

143. Hechos 13:3.

144. Hengel y Schwemer, *Paul between Damascus and Antioch*, 233-36.

145. Hechos 13:4-12; cf. Éxodo 7:8-12; 1 Reyes 18:20-40.

146. Hechos 13:12, 45.

neros ahora desconocidos a medida que el movimiento se iba extendiendo fuera de Antioquía hacia las regiones circundantes.[147]

Pero mientras los horizontes de la comunidad de Antioquía se iban ampliando, la congregación de Jerusalén, gobernada por los Doce, estaba cada vez más preocupada por los acontecimientos en la Tierra de Israel, donde había aparecido otro Mesías.[148] En el año 41, Herodes Agripa, que había crecido en la casa imperial en Roma, había sido nombrado por Calígula rey del valle superior del Jordán, el primer judío que obtuvo un título real desde Herodes el Grande. Fue jubilosamente aclamado por los judíos de Alejandría durante su viaje hacia el este, y cuando finalmente llegó a Jerusalén su aura mesiánica parecía confirmada por más favores imperiales: Calígula le concedió Galilea y Peraea, las regiones antiguamente gobernadas por su tío Antipas, y en prueba de gratitud por su apoyo tras el asesinato de Calígula, Claudio le nombró rey de Judea. Agripa gobernaba ahora toda la Tierra de Israel y se había convertido en el representante más importante de Roma en la zona.

Agripa amaba y cortejaba a su propio pueblo, y oficiaba en el templo como vástago del rey David; en la Mishná los rabinos recordarían más tarde su emotiva lectura de la Torá al final de la Fiesta de los Tabernáculos. Al llegar al pasaje donde Moisés describe cómo debe ser un rey realmente justo, Agripa lloró a lágrima viva, titubeando y tartamudeando ante la insistencia de Moisés de que este rey «debe ser uno de vuestros hermanos; no aceptéis como rey a ningún forastero

---

147. Horsley y Silberman, *The Message and the Kingdom*, 130-131.

148. *Ibid.*, 131-39.

ni extranjero».[149] ¿Cómo podría él, Agripa, cuya familia provenía de Idumea, pretender ser rey de Israel? «¡No temas!», gritó la multitud, «¡tú *eres* nuestro hermano!»[150]

Pero para los seguidores de Jesús, Agripa era un falso Mesías que no dudó en lanzar un ataque contra sus líderes. Primero decapitó a Jacobo, hermano de Juan, quien en los primeros días era el segundo en jerarquía por detrás de Pedro.[151] Luego, escribe Lucas, cuando Agripa vio que la élite de Jerusalén autorizaba la ejecución de Jacobo, hizo arrestar a Pedro.[152] Agripa estaba ansioso por calibrar las reacciones de los judíos, siendo su principal preocupación conservar la lealtad de la aristocracia sacerdotal que llevaba tiempo considerando a Jesús y sus seguidores un asunto irritante.[153] Pero Pedro, nos dice Lucas, fue milagrosamente liberado de la prisión y huyó de la ciudad.[154] Volvería a reaparecer en Jerusalén más tarde, pero ya no pudo dirigir su comunidad y, tras este incidente, no volvemos a oír nada más sobre los Doce, que pudieron verse obligados al exilio.

El nuevo líder de la asamblea de Jerusalén era Jacobo, el hermano de Jesús, que logró asegurar su posición en la ciudad. Jacobo, conocido como el Zaddik, el «Justo» o el «Honrado», sentía una devoción especial por el templo. El historiador

---

149. Deuteronomio 17:14-15.

150. M. Sotah 7:8. Cursiva de la autora

151. Marcos 3:17; Lucas 6:14. En las primeras listas de los Doce, Jacobo aparece inmediatamente después de Pedro y antes de su hermano Juan, de modo que pudo ser el «segundo hombre» del grupo.

152. Hechos 12:1-2.

153. Hechos 4:6.

154. Hechos 12:17.

cristiano Hegesippo (c.110-c.180 d.C.) le describió caminando por la ciudad con una túnica de lino, como un sacerdote, y realizando un rito especial en los patios del templo que recordaba a la ceremonia de Yom Kippur. «Era visto a menudo de rodillas, pidiendo el perdón para el pueblo, de manera que sus rodillas se volvieron tan callosas como las de un camello.»[155] Como el Maestro de la Justicia en Qumrán, Jacobo pudo estar diseñando un sacerdocio alternativo para sustituir a una aristocracia sacerdotal que consentía el dominio imperial y había permitido a Agripa mancillar los recintos sagrados con su afectación mesiánica.[156]

Agripa finalmente se extralimitó y perdió el favor de Roma. En su última aparición en Cesarea, vestido con una deslumbrante túnica plateada, había inspirado tal temor reverencial que la multitud se puso a gritar: «¡Voz de un dios, no de un hombre!» Al instante, escribe Lucas, un ángel del Señor lo hirió por su arrogancia y murió comido por los gusanos.[157] Como su hijo, Agripa II, era menor de edad, el reino fue gobernado de nuevo por una serie de procuradores romanos. La reanudación del dominio directo romano constituyó un duro golpe y Jacobo pudo haber llegado a la conclusión de que el Reino de Dios sólo podría ser establecido por un Israel purificado. Quizá deseó también recurrir a los fariseos, que lideraban la oposición a Roma con su meticuloso cumplimiento de la Torá, actitud bien vista por muchos de los seguidores judíos de Jesús. Independientemente de lo

---

155. Citado en Robert Eisenman, *James, the Brother of Jesus; Recovering the True History of Early Christianity* (Faber and Faber, Londres, 1997), 310.

156. *Ibid.*, 353-54.

157. Hechos 12:21-23.

que sintieran hacia Jesús, la Torá tenía una autoridad y una mística independientes, y estaba sancionada por siglos de tradición.[158] Las leyes rituales, que incluían la circuncisión y las reglas alimenticias, no eran valoradas únicamente porque los judíos quisieran mantenerse aparte de los demás; simbolizaban más bien el servicio sacerdotal a Dios en la vida cotidiana, así como en el culto. Los judíos del siglo I d.C. sabían que sus antepasados habían preservado su identidad especial durante los largos años de exilio en Babilonia viviendo aparte, cumpliendo los preceptos divinos (*qaddosh*) de la misma forma que el Dios trascendente existía «separado». Eran muy conscientes de que los Macabeos habían muerto por esas leyes culturales en su lucha contra el rey seleúcida Antíoco Epifanes (175-64 a.C.), quien había prohibido la circuncisión y el cumplimiento del Sabbat. También sabían que Antíoco había apoyado a los judíos renegados para quienes la circuncisión ya no era esencial. La revuelta de los Macabeos (168-143 a.C.) liberó a los judíos del Imperio seleúcida, y muchos creían que mediante el cumplimiento estricto de la Torá, el pueblo judío podría liberarse de nuevo del dominio imperial. Aquellos gentiles que se habían convertido al judaísmo y sufrido la dolorosa experiencia de la circuncisión eran particularmente devotos de estas leyes especiales; cumplirlas significaba el fin de su condición de marginados y se habrían mostrado muy críticos con cualquier intento de despreciarlas o minimizar su importancia. Los prosélitos que se unieron al movimiento de Jesús llevaron esta actitud consigo a la comunidad, convencidos de que sólo un pueblo de Israel auténticamente devoto podría acelerar el regreso del Mesías.

---

158. Segal, *Paul the Convert*, 190-94, 204-23.

Puede que se encontraran entre aquellos que, según Lucas, llegaron a Antioquía desde Judea hacia finales de los años 40 del siglo I d.C. y «se pusieron a enseñar a los hermanos que aquellos que no estuvieran circuncidados conforme a la tradición de Moisés, no podrían ser salvos».[159] Estos recién llegados pudieron encontrar seguidores en Antioquía, pero Pablo y Bernabé se opusieron a ellos con vehemencia. Desde hacía años, Pablo había vivido y trabajado con gentiles y se mantenía firme en que la experiencia transformadora de vivir «en Cristo» no tenía nada que ver con las leyes rituales de la Torá. Nunca rechazaría la Torá; seguía considerando los mandamientos éticos una guía moral válida para la humanidad. Pero creía que la muerte y resurrección del Mesías lo había cambiado todo y la Torá había quedado superada.[160] Una y otra vez había observado que sus conversos gentiles, que nunca habían cumplido la ley, experimentaban los dones del Espíritu Santo como los seguidores judíos de Jesús. Pero algunos de los miembros judíos del movimiento le consideraban un apóstata. Podían apoyar una misión para convertir a los gentiles, pero insistían en que si los conversos paganos querían pertenecer a la comunidad del Mesías, debían convertirse en auténticos judíos. Estos ciudadanos de Judea consideraban las congregaciones mixtas de judíos y gentiles de Pablo tremendamente problemáticas. ¿Podían realmente los judíos vivir, comer y casarse con gentiles sin violar los preceptos principales de la Torá y abandonar siglos de tradición ancestral?

En sus cartas, Pablo nunca mencionó la visita de esos judíos críticos a Antioquía. No hay nada que haga pensar en

---

159. Hechos 15:1.

160. Gálatas 3:23-24.

que hubieran sido enviados por los dirigentes de Jerusalén, dado que Lucas y Pablo dejaron claro que estos conservadores tenían un programa diferente del de Jacobo, Pedro y Juan, las «Columnas» del movimiento en Judea. Habían acudido sin duda a los lugares de exilio a investigar por propia iniciativa, esperando convencer a Jacobo de que, a pesar del informe primitivo de Bernabé, eran incompatibles con el judaísmo e impedirían por lo tanto el regreso del Mesías y el establecimiento de su Reino.

Lucas nos dice que Pablo y Bernabé mantenían acaloradas discusiones con esos visitantes judíos, y finalmente los líderes de Antioquía les encargaron que condujeran una delegación a Jerusalén para solicitar consejo a las «Columnas». Llegaron a la ciudad a finales del año 48 o principios del 49.[161] Tenemos dos relatos de esta reunión. Lucas, que pudo malinterpretar algunas de las cuestiones, deja entrever que los de Antioquía buscaban la aprobación de los apóstoles. Pero Pablo, nuestro único testigo, insiste en su carta a los Gálatas en que se trató de una reunión entre iguales, una lucha común por encontrar una solución razonable a un problema capaz de dividir al movimiento. Lucas, siempre inquieto por afirmar la autoridad de los Doce, describe el concilio de Jerusalén como un consejo oficial de la iglesia en el que los participantes pronunciaron discursos oficiales. Al final, dice, Jacobo hizo una declaración conocida por los historiadores como el Decreto Apostólico. Pablo, por su parte, explica que él y sus compañeros mantuvieron simplemente una «entrevista privada» con las Columnas: Jacobo, Cefas y Juan.[162] Inició el debate

---

161. Hechos 15:2.

162. Gálatas 2:2.

informando sobre el progreso de la misión entre los gentiles con la esperanza de convencer a las Columnas de que las prácticas de Antioquía eran realmente acordes con los ideales del movimiento de Jesús.[163]

Lamentablemente, continúa Pablo, esta conversación informal fue interrumpida por «algunos falsos hermanos que se habían infiltrado entre nosotros para coartar la libertad que tenemos en Cristo Jesús».[164] Pablo y Bernabé habían llevado a Tito, uno de sus conversos griegos, a Jerusalén para mostrar a las Columnas que esos gentiles estaban imbuidos del mismo espíritu que los seguidores judíos de Jesús. Pablo, sin embargo, sabía que la presencia de Tito traería problemas y, tal como esperaba, parece que los puristas solicitaron que Tito fuera circuncidado allí mismo. Pero el argumento de Pablo fue tan convincente y tan auténtica la espiritualidad de Tito que las «Columnas» se opusieron a su circuncisión forzosa y Pablo insiste con vehemencia en que «*a mí no me impusieron nada nuevo*». Al contrario: «Reconocieron que a mí se me había encomendado predicar el evangelio a los gentiles, de la misma manera que se le había encomendado a Pedro predicarlo a los judíos. El mismo Dios que facultó a Pedro como apóstol de los judíos me facultó también a mí como apóstol de los gentiles».[165] Pablo, Bernabé y las «Columnas» se estrecharon las manos, sellando oficialmente un acuerdo que tenía dos cláusulas. La primera era aceptar que la misión de Pedro con los judíos y la de Pablo con los gentiles eran igual de válidas y no se exigió «nada más» con res-

---

163. *Ibid.*

164. Gálatas 2:4.

165. Gálatas 2:7-8.

pecto a la circuncisión o cumplimiento ritual.[166] La segunda cláusula pedía que las comunidades de la diáspora «se acordaran de los pobres» y, dice Pablo, «eso es precisamente lo que he venido haciendo con esmero».[167]

En el futuro, esta segunda cláusula adquiriría un nuevo significado para Pablo, aunque inicialmente podría haber sido simplemente un recordatorio de la importancia de proseguir con la misión original de Jesús para con los desposeídos.[168] Pero pudo también tener una importancia más específica. Desde el tiempo de los Macabeos, grupos judíos que creían ser los auténticos israelitas —residuos ocultos, oprimidos y perseguidos del Fin de los Tiempos— se habían llamado a sí mismos «los pobres» (*evionim* en hebreo).[169] Los sectarios de Qumrán y la comunidad de Jesús en Jerusalén se hacían llamar de ese modo. La palabra «pobre», por lo tanto, era sinónimo de «justo» o de «honrado»; y Jacobo el Zaddik, al rezar constantemente por los pecadores de Israel, representaba la profunda piedad judía de los *evionim* que vivían en el corazón de la Ciudad Santa.[170] Por esa razón, puede que las «Columnas» pidieran a las asambleas de la diáspora del movimiento de Jesús que recordaran su importante papel en el drama escatológico que se estaba desarrollando, ya que estarían en Jerusalén para recibir al Mesías cuando regresara. Pablo estaba impaciente por hacerlo; veía Jerusalén como el núcleo histórico del movimiento y prometió darlo a conocer a sus gentiles conversos.

---

166. Gálatas 2:9b.

167. Gálatas 2:10.

168. Horsley y Silberman, *The Message and the Kingdom*, 142.

169. Georgi, *Theocracy*, 34-41.

170. Eisenman, *James, the Brother of Jesus*, 226-27.

Pero las cuestiones de la circuncisión y el cumplimiento estricto de la Torá no desaparecieron. Pese al resultado positivo del concilio de Jerusalén, el relato de Pablo es amargo y apologético. Los puristas pudieron presionar a Jacobo, y tendrían lugar agrias discusiones una vez que los de Antioquía hubieran abandonado la ciudad; como resultado de esa presión, Jacobo no tardó en imponer «algo más» a los seguidores gentiles de Jesús. Esta adición puede estar reflejada en el Decreto Apostólico citado por Lucas, cuando Jacobo informó a todos los miembros gentiles del movimiento que: «Nos pareció bien al Espíritu Santo y a nosotros no imponeros ninguna carga aparte de los siguientes requisitos: abstenerse de lo sacrificado a los ídolos, de sangre, de la carne de animales estrangulados, y de la inmoralidad sexual».[171] Ésta bien pudo ser una solución de compromiso, pensada para aplacar a los judíos más conservadores, pero contenía un defecto fatal. Se basaba en una regla del Levítico que imponía esas restricciones alimenticias no sólo a los israelitas, sino también a los «extraños» o «extranjeros» (*ger*) que vivían entre ellos.[172] En cuanto Jacobo introdujo este decreto, los críticos de Pablo encontraron una laguna: si los seguidores gentiles de Jesús eran meramente «extranjeros» (*gerim*), seguían siendo intrusos y no hijos de Abraham; si los judíos se sentaban a la mesa con esos incircuncisos, los gentiles que no cumplían la Torá la infringirían.

El conflicto alcanzó un punto crítico en Antioquía. Pedro estaba allí de visita y al principio comía con los creyentes gentiles; pero, dice Pablo, cuando «vinieron mensajeros de

___

171. Hechos 15: 28-29.

172. Levítico 17:5-11.

Jacobo», se retiró de sus mesas, por temor a su desaprobación. Otros siguieron su ejemplo hasta que Pablo fue el único judío de la comunidad de Antioquía que seguía compartiendo mesa con sus hermanos y hermanas gentiles. Incluso Bernabé, recordaría amargamente más tarde, «se comportó como un hipócrita, como el resto». Fue quizá la ruptura más dolorosa de su vida y puede explicar por qué le resultaba tan duro hablar en años posteriores de su época en Antioquía. En presencia de toda la comunidad, Pablo denunció airadamente la deserción de Pedro. Al admitir a los gentiles en el Banquete Divino, él, Pablo, no estaba haciendo nada nuevo. Esa era «la verdad del evangelio» y así había sido afirmada recientemente en Jerusalén. La esencia del mensaje de Jesús había sido que nadie fuera excluido del banquete mesiánico. Fue Jacobo quien había cambiado las reglas del juego y traicionado la afirmación bautismal: «¡Ya no hay judíos ni paganos!»[173]

Pablo creía apasionadamente que el Reino de Dios no llegaría a menos que los gentiles, imbuidos del Espíritu de Dios, rezaran por él con sus hermanos y hermanas judíos a su propia manera.[174] Además, Dios había dicho a Isaías: «El extranjero que por su propia voluntad se ha unido al Señor no debe decir: "El Señor me excluirá de su pueblo" [...] A éstos los llevaré a mi monte santo; ¡los llenaré de alegría en mi casa de oración! [...] Porque mi casa será llamada casa de oración para todos los pueblos».[175] Estas son las palabras que Jesús había gritado cuando arrojó a los cambistas del templo. Sí, la renovación de Israel que pretendía Jacobo era impor-

---

173. Gálatas 2:11-15.

174. Horsley y Silberman, *The Message and the Kingdom*, 143-44.

175. Isaías 56:3, 7.

tante, pero se había olvidado de otra orden de Dios: «No es gran cosa que seas mi siervo, ni que restaures a las tribus de Jacob, ni que hagas volver a los de Israel; yo te pongo ahora como luz para las naciones, a fin de que lleves mi salvación hasta los confines de la tierra».[176]

Poco después de la trágica disputa de Antioquía se produjo una separación. Herido y entristecido, sintiendo quizá que su misión había fracasado, Pablo rompió con Bernabé y en compañía de Silas, uno de los profetas de la comunidad de Antioquía, se puso en marcha para predicar en los confines de la tierra. Estaba convencido de que sólo él era fiel al evangelio, pero sus compañeros judíos pudieron sentirse traicionados, ya que parecía estar dando la espalda al acuerdo tomado en Jerusalén. Desde ese momento Pablo se volvería una figura sospechosa para muchos del movimiento. Le negarían su categoría de apóstol, le acusarían de apostasía, y despreciarían su teología y su manera de predicar. La controversia en torno a Pablo aceleraría incluso su muerte.

---

176. Isaías 49:6.

3

La tierra de Jafet

Hasta entonces Pablo había realizado su misión entre los gentiles en lo que los judíos llamaban la tierra de Shem, siguiendo el legendario viaje de Abraham por los márgenes de la Tierra Prometida. Ahora se decidió a cruzar la cordillera del Tauro y llevar la palabra de Dios a la tierra de Jafet, padre de los griegos, macedonios, frigios y anatolios. Jacobo y sus seguidores pensaron probablemente que estaba volviendo airadamente la espalda al judaísmo, pero Pablo nunca olvidó su condición de judío. Mientras viajaba hacia esa tierra extranjera, iba acompañado de Silas, un judío de habla aramea de Judea, cuya presencia era un recordatorio simbólico de las raíces históricas del movimiento. En Listra se les unió un joven llamado Timoteo, hijo de una mujer judía y de un griego. Como era legalmente judío, Lucas nos dice que Pablo le circuncidó antes de empezar el viaje «por consideración hacia los judíos que viven en esas regiones».[177] Puede que sea cierto o no, pero

---

177. Hechos 16:1-3.

Lucas trataba de mostrar que a pesar de la disputa de Antioquía, Pablo tenía cuidado de cumplir su compromiso con respecto a la misión de Pedro con los judíos. Aquellos seguidores judíos de Jesús que más tarde acusarían a Pablo de ordenar a los judíos de la diáspora «que rompieran con Moisés, autorizándoles a no circuncidar a sus hijos o a no vivir según nuestras costumbres», estaban, según Lucas, equivocados.[178]

No hicieron conversos en Listra, dado que ya había sido evangelizada por misioneros de Antioquía. Pablo siempre procuró no predicar en territorio de otro apóstol, una cortesía que sus adversarios no tendrían. Los estudiosos están divididos con respecto a la ruta que siguieron al salir de la región de Tauro: algunos creen que se dirigieron hacia el noroeste, hacia el Egeo, pero aunque Pablo no da información sobre este viaje en sus cartas, probablemente viajaron al norte, hacia los pueblos de las tierras altas de Galacia. Era un territorio realmente extraño; a diferencia de Cilicia y Siria, había pocas comunidades de judíos y éstos raramente se adentraban en esta parte salvaje de Asia Menor. Quizás inicialmente Pablo fuera reacio a buscar conversos allí —Lucas dice que el Espíritu Santo les había ordenado no predicar en Asia—,[179] pero cayó enfermo y fue incapaz de viajar. Más tarde recordaría a sus discípulos gálatas lo bien que se portaron con él: «Como bien sabéis, la primera vez que os prediqué el evangelio fue debido a una enfermedad, y aunque ésta fue una prueba para vosotros, no me tratasteis con desprecio ni desdén. Al contrario, me reci-

---

178. Hechos 21:21; Segal, *Paul the Convert*, 218-19.

179. Hechos 16:6.

bisteis como a ángel de Dios, como si se tratara de Cristo Jesús».[180] Cuando hubo enviado a sus discípulos a los pueblos de Galilea, Jesús les dijo que cuando llamaran a una puerta pidiendo ayuda y fueran admitidos con compasión, el Reino de Dios habría llegado: Pablo lo vivió en su propia carne durante su primera incursión en la tierra extraña de Jafet.

No sabemos cómo instruía Pablo a sus oyentes paganos. En sus cartas, simplemente trataba las cuestiones de una comunidad particular, de modo que sólo contamos con fugaces vislumbres de su forma de predicar oralmente. Pero las epístolas sugieren que su público no siempre comprendía totalmente su mensaje. La comunicación era difícil porque Pablo hablaba ahora a personas con suposiciones y expectativas culturales totalmente distintas y, sin embargo, fue extraordinariamente capaz de adaptar las enseñanzas principales del evangelio a las tradiciones y preocupaciones de sus oyentes y, a medida que lo hacía, la figura de Jesús se fue alterando gradualmente, adoptando una nueva dimensión en cada región. Cuanto más se adentraba en el mundo de los gentiles, más se alejaba el Cristo de Pablo del Jesús histórico, que nunca le había interesado demasiado. Para Pablo, lo realmente importante era la muerte y resurrección de Jesús, los acontecimientos cósmicos que transformaron la historia y cambiaron el destino de todos los pueblos, independientemente de sus creencias o etnicidad. Si imitaban la *kénosis* de Cristo en su vida cotidiana, prometía él a sus discípulos, experimentarían una resurrección espiritual que

---

180. Gálatas 4: 13-14.

traería con ella una nueva libertad.[181] El Mesías, dijo a los gálatas, «dio su vida por nuestros pecados para rescatarnos de este mundo malvado, según la voluntad de nuestro Dios y Padre».[182]

Pablo había vivido la experiencia de Damasco como una liberación de la esclavitud del poder destructivo y separador del «pecado». Y la libertad parece haber sido el tema de su mensaje a los gálatas, que en cierto sentido no podrían haber sido más diferentes de los judíos de Galilea que escucharon las enseñanzas de Jesús. Eran un pueblo indoeuropeo, galos arios cuya lengua nativa se habría parecido al galés o gaélico; a principios del siglo III a.C. habían emigrado de Europa y se habían establecido en lo que ahora es Turquía del norte y central.[183] Pueblo nómada y guerrero, se vendían como mercenarios antes de adaptarse por fin a la vida sedentaria, viviendo en comunidades agrícolas regidas por asambleas elegidas y celebrando las hazañas de sus antiguos héroes en ruidosos banquetes similares a los descritos en el relato épico anglosajón *Beowulf*. Adoraban a la Diosa Madre, una temible deidad que aplicaba la justicia y que a menudo era identificada con una montaña que se alzaba sobre su pueblo; en sus centros de culto principales los jóvenes a veces se castraban a sí mismos en rituales orgiásticos. ¿Qué podrían tener esos salvajes celtas en común con Jesús y sus discípulos?

Sin embargo, Pablo no tardó en darse cuenta de que los gálatas, al igual que los habitantes de Judea y Galilea, habían

---

181. Horsley y Silberman, *The Message and the Kingdom*, 158-61.

182. Gálatas 1:3-4.

183. Horsley y Silberman, *The Message and the Kingdom*, 149-52: Dewey *et al.*, trad., *Authentic Letters of Paul*, 37.

sido conquistados por Roma hacía relativamente poco tiempo y que seguían luchando contra el dominio imperial. Roma se había anexionado la región en el 25 a.c., cuando se convirtió en la provincia de Galacia, gobernada por un prefecto romano con una guarnición militar y un pequeño cuerpo de sirvientes. Como los galileos, los gálatas habían sido testigo de la transformación de su paisaje por las enormes fincas agrícolas propiedad de terratenientes absentistas que producían el grano que hacía funcionar la economía romana. Poco a poco su cultura también se fue romanizando. Los dioses grecorromanos se infiltraron en su panteón y, como súbditos leales, debían participar en el culto al emperador. El excedente agrícola era controlado por la aristocracia local en nombre de Roma, y como en todos los estados agrarios premodernos, esos guerreros se habían convertido en poco más que siervos, que vivían y subsistían bajo el control de los recaudadores de impuestos y capataces. Una raza intrépida de héroes existía ahora nada más que para proveer de un flujo continuo de cosechas e impuestos a la capital imperial. Al igual que en Galilea y Judea, si incumplían el pago del tributo caían en una espiral de deudas y se veían obligados o bien a vender tierras tribales o bien a dar en prenda la promesa de futuras cosechas. Todo esto le resultaría muy familiar a Pablo cuando llegó a Galacia, quizás hacia finales del 49 d.C.; de la carta que escribió más tarde a los gálatas, podemos deducir que les animó a despojarse de serviles hábitos de dependencia y sumisión junto con la religión grecorromana de sus amos que sostenía el orden imperial: «Manteneos firmes y no os sometáis nuevamente al yugo de esclavitud».[184]

---

184. Gálatas 5:1.

La visión que tenía Pablo de Cristo se enraizaba en la tradición apocalíptica judía que se había desarrollado en Israel después de las guerras macabeas. Desde que el rey seleúcida Antíoco Epifanes había tratado de erradicar el judaísmo, escribas, místicos y poetas habían desarrollado una espiritualidad mística de resistencia a la cultura imperial.[185] Los vuelos celestiales y visiones de catástrofes cósmicas experimentadas por esos místicos judíos no eran simples fantasías de cómo hacer realidad sus deseos. Eran también una astuta crítica de las pretensiones imperiales. Y lo que era más importante, permitían a esos visionarios cultivar la convicción de que un día serían libres mientras meditaban intensamente en la destrucción de sus opresores y en la liberación de Israel. Veneraban a aquellos mártires que habían muerto en defensa de sus sagradas tradiciones y creían que volverían de entre los muertos en una resurrección colectiva o serían llevados por Dios al Paraíso. Pablo el fariseo también era un visionario, pero su apocalipsis de Damasco difería de la escatología tradicional en dos aspectos importantes. Primero, estaba convencido de que en la muerte de Jesús, Dios ya había intervenido decisivamente en la historia y que la resurrección general había comenzado cuando resucitó a su hijo de la tumba. Segundo, Pablo creía que la liberación final de Dios incluiría a toda la humanidad y no sólo a Israel, de manera que se cumpliría la antigua promesa a Abraham de que en él todas las naciones de la tierra serían bendecidas.

---

185. Robert Jewett, «Response: Exegetical Support from Romans and Other Letters», en Richard A. Horsley, ed., *Paul and Politics: Ekklesia, Israel, Imperium, Interpretation* (Trinity Press International, Harrisburg, FA, 2000), 93.

Cuando Pablo escribió su carta a los Gálatas, cuatro años después de su visita, dio por supuesto que éstos conocían la historia de Abraham, de modo que ésta debió de figurar en su predicación original.[186] Pero también recurrió a términos comunes en la propaganda imperial y les dio la vuelta. Lo que más llama la atención fue su uso del *euangelion*, la «buena nueva» o evangelio que Dios había anunciado al mundo cuando reivindicó a Jesús y le nombró Mesías.[187] Por todo el imperio, inscripciones, monedas y rituales públicos anunciaban la «buena nueva» de que Augusto, el «salvador» (*soter*) había establecido una era de paz [*eirene*] y seguridad [*asphaleia*] en todo el mundo. Pero la omnipresencia de cruces con los cuerpos torturados de rebeldes, obscenamente desgarrados y devorados por las aves de presa, eran un recordatorio constante de que la Pax Romana se mantenía sobre la crueldad y la violencia. El evangelio de Pablo hizo del salvador crucificado un símbolo de una pronta liberación de aquella «edad malvada».

Pablo recordaría más tarde las curaciones, exorcismos y don de lenguas espontáneos que surgieron en Galacia mientras él predicaba el evangelio.[188] El Espíritu Santo dio a los gálatas el valor para cultivar un espíritu libre.[189] Siempre recordaría la apasionada convicción de su grito ritual tras el bautismo: «Dios ha enviado a vuestros corazones el Espíritu de su Hijo, que clama: ¡*Abba*! ¡Padre!» El verbo griego *krazein* («lanzar un grito») sugiere una exclamación de alegría

---

186. Gálatas 3:6-10.

187. Gálatas 1:6 ff.

188. Gálatas 3:2-5; Knox, *Chapters*, 115.

189. Gálatas 5:18.

extática; cuando emergían de las aguas bautismales estaban convencidos de que ya no eran esclavos, sino herederos de la promesa que Dios había hecho a Abraham.[190]

En el momento de la visita de Pablo, la cultura romana comenzaba a penetrar en las áreas rurales de Asia Menor. Como los pueblos colonizados de todas partes, los campesinos de Galacia habrían experimentado la desazonante pérdida de identidad que acompaña a la aculturación forzosa.[191] Los romanos creían haber sido nombrados por los dioses para dirigir el mundo y llevar la civilización a los pueblos bárbaros, con quienes era imposible tratar en igualdad de condiciones. Esta clase de dualismo era una de las ideas recibidas del mundo antiguo, evidente también en el concepto judío de *goyim* («naciones») como moralmente inferiores, actitud que había aflorado tan destructivamente en Antioquía. La convicción de Pablo de que las naciones despreciadas pudieran lograr la misma igualdad que los judíos desafiaba las ideas sociales fundamentales.[192] Pero a medida que observaban la romanización de su sociedad, algunos gálatas pudieron sentirse atraídos por la perspectiva de afiliarse con Israel, un grupo étnico que había logrado la aprobación del imperio, lo cual les permitiría mantener cierta distancia con Roma. No comprendieron que Pablo insistía en algo más radical.[193] Más tarde les recordaría en su carta que con la cruz las antiguas divisiones étnicas, sociales y culturales que caracterizaban a la presente edad mal-

---

190. Gálatas 4:6-7; Horsley y Silberman, *The Message and the Kingdom*, 150.

191. Neil Elliott, «Paul and the Politics of Empire: Problems and Prospects», en Horsley, ed., *Paul and Politics*, 34.

192. Dewey *et al.*, trad., *Authentic Letters*, 14.

193. Elliott, «Paul and the Politics of Empire», en Horsley, ed., *Paul and Politics*, 34.

vada habían sido borradas: «Porque todos los que habéis sido bautizados en Cristo os habéis revestido de Cristo. Ya no hay judío, ni griego, esclavo ni libre, hombre ni mujer, sino que todos sois uno solo en Cristo Jesús».[194]

Para que el Reino se hiciera realidad, no podía seguir tratándose de un regocijo emocional, sino que debía encarnarse de forma sobria y práctica en la vida cotidiana. Los gálatas debían librarse de hábitos de servilismo y prejuicios étnicos creando una comunidad alternativa caracterizada por la igualdad. Esta comunidad era lo que Pablo quería decir con vivir «en Cristo». Llamaría a estas congregaciones *ekklesiai* («Asambleas»), considerándolas un desafío implícito a las *ekklesiai* oficiales de aristócratas locales que gobernaban cada provincia como representantes de Roma. El término también pudo recordarles a los gálatas las asambleas elegidas en los pueblos para dirigir sus comunidades antes de la llegada de los romanos y que se tomaban muy en serio su responsabilidad por el bienestar de todos sus miembros. Jesús trató de hacer realidad el Reino de Dios estableciendo comunidades de ayuda mutua que llegarían a ser mental, espiritual y, en cierta medida, económicamente independientes del Imperio romano. De manera que Pablo también animó a los gálatas a crear un sistema legal que uniera a la gente en lugar de dividirla en clases y atribuyera a todos igual valor sin excepción. «Toda ley se resume en un solo mandamiento: Ama a tu prójimo como a ti mismo», tal era su mensaje.[195] Debían superar las pasiones primitivas que les dividían: «odio, discordia, celos, arrebatos de ira,

194. Gálatas 3:27-28.

195. Gálatas 5:13-14.

rivalidades, disensiones, sectarismos y envidia».[196] La ley del amor desinteresado era la «ley de Cristo». Allí donde las *ekklesiai* de aristócratas locales se vanagloriaban de su posición superior, las *ekklesiai* del Mesías imitaban la *kénosis* de Jesús: «Si alguien cree ser algo, cuando en realidad no es nada, se engaña a sí mismo. Cada cual examine su propia conducta; y si tiene algo de qué presumir, que no se compare con nadie. Que cada uno cargue con su propia responsabilidad».[197]

No sabemos cuánto tiempo permanecieron Pablo, Silas y Timoteo en Galacia, ni tampoco sabemos —a pesar de la dramática historia de Lucas—[198] por qué eligieron Macedonia como su próximo destino misionero, adonde llegaron en el año 50 a la ciudad de Filipos. También este era un mundo extraño para Pablo. Fundada en el 356 a.C. por Filipo de Macedonia, la ciudad se había convertido en centro de una industria de extracción de oro que había financiado las campañas de Alejandro Magno, hijo de Filipo. Hacía tiempo que las minas se habían agotado, pero Filipos se convirtió en un importante puesto avanzado romano en la Vía Egnatia, la ruta terrestre que conectaba la capital con las provincias orientales. En el año 42 a.C., después de que los ejércitos de Marco Antonio y Octavio (más tarde conocido como Augusto) hubieran derrotado a la coalición de Bruto y Casio en una batalla al oeste de la ciudad, Filipos se convirtió en colonia romana. Los veteranos del ejército se establecieron allí y se les dio fincas. Tras la batalla de Actium (31 a.C.), que estableció

---

196. Gálatas 5:20-21.

197. Gálatas 6:2-5.

198. Hechos 16:6-10.

a Augusto como único dirigente del imperio, llegaron más veteranos. Era, por lo tanto, una ciudad romanizada con una población étnicamente mixta. Sin embargo, las excavaciones muestran que en el momento de la visita de Pablo, Filipos, todavía un diminuto enclave urbano de tamaño modesto, apenas era un centro administrativo. El grueso de la población vivía en aldeas agrícolas y asentamientos que abastecían a la ciudad. Los colonos romanos estaban exentos de impuestos y sólo ellos podían ostentar cargos políticos y eran los responsables de exigir el producto excedente de fincas y aldeas, y de cobrar las rentas y la devolución de los préstamos de los campesinos endeudados.[199]

En Filipos, Pablo se encontró con una forma particularmente intensa de deificación del emperador romano. Mientras predicaba en Macedonia, Claudio, que había prohibido firmemente a sus súbditos que erigieran templos en su honor al comienzo de su mandato, empezó a promover su culto en las provincias y, como Augusto, asumió el título de «salvador del mundo». Los estudiosos han despachado a veces el culto al emperador como «puramente secular», una estrategia política sin contenido «religioso» que fue explotado por el estado romano y las aristocracias locales para sus propósitos.[200] Pero en tiempos de Pablo, la religión y la vida política esta-

---

199. Dewey *et al.*, trad., *Authentic Letters*, 165; Erik M. Heen, «Phil 2:6-11 and Resistance to Local Timocratic Rule: Isa Theo and the Cult of the Emperor in the East», en Richard A. Horsley, ed., *Paul and the Roman Imperial Order* (Trinity Press International, Harrisburg, PA, 2004), 134-35; Horsley y Silberman, *The Message and the Kingdom*, 152-54.

200. Martin P. Nilsson, *Greek Piety*, trad., Herbert J. Rose (Clarendon Press, Oxford, 1948), 178; Martin P. Nilsson, *Historia de la religiosidad griega*, Ed. Gredos, Madrid, 1970. Glen W. Bowersock, *Augustus and the Greek World* (Clarendon Press, Oxford, 1965), 112.

ban tan entrelazadas que era imposible decir dónde empezaba la una y dónde terminaba la otra. Los seguidores de Jesús
no eran los únicos que proclamaban la «buena nueva» de que
se acercaba una nueva era. «¡Empieza un gran nuevo ciclo de
centurias!», exclamó el poeta Virgilio. «La justicia regresa a
la tierra y vuelve la edad de oro.»[201] En Priene, en la costa
de la moderna Turquía, una inscripción anunciaba que el nacimiento del «César más divino» [Augusto] señalaba el comienzo de una nueva era y de un nuevo calendario. Era una
fecha «que podemos justamente establecer en términos prácticos al menos, como el comienzo del orden restaurado,
cuando todo se estaba desintegrando y sumiéndose en el
caos, y proporcionó una nueva mirada sobre el mundo entero». De hecho, César había «superado las esperanzas de
aquellos que profetizaban buenas nuevas [*euaggelia*]».[202] Por
todo el imperio, templos, monedas e inscripciones saludaban
a cada sucesivo César como «hijo de dios», «dios personifi-
cado», «señor» y «salvador del mundo».[203]

Estas aseveraciones eran más creíbles en el mundo antiguo
de lo que lo serían en el nuestro, ya que no existía una brecha
ontológica entre lo humano y lo divino: hombres y mujeres
eran divinizados con regularidad y viceversa. Los estudios han
demostrado que los sacrificios al *genius* del emperador («espíritu divino») no eran rituales vacíos, sino la forma mediante

---

201. Virgil, *The Eglogues: The Georgics*, trad. C. Day Lewis (Oxford: Oxford University Press, 1999), Égloga IV, 4-7. Virgilio Marón, Publio: Églogas: Geórgicas, Espa-
sa, Barcelona, 1982.

202. Corpus Inscriptionum Graecorum 39576, traducido en John D. Crossan y Jonathan L. Reed, *In Search of Paul: How Jesus's Apostle Opposed Rome's Empire with
God's Kingdom* (Harper, San Francisco, 2004), 239-40.

203. Crossan y Reed, *In Search of Paul*, 235-36.

la cual los pueblos sometidos conceptualizaban el poder que ahora gobernaba el mundo conocido, ayudándoles a dotar de sentido la intromisión de Roma en sus vidas al recurrir a imágenes y conceptos familiares del poder.[204] Al traer la paz y seguridad a un mundo asolado por guerras incesantes, parecía que Augusto había realizado una tarea divina no muy diferente de los dioses olímpicos y su orden en el cosmos. Y lo que era más importante, el culto no era impuesto en las provincias por el senado romano, sino adoptado con entusiasmo por las aristocracias locales. En realidad rivalizaban entre sí por erigir templos y altares al emperador reinante y grabar inscripciones en alabanza de sus logros. Lo mismo hacían los hombres libres acaudalados, que utilizaban el culto para obtener reconocimiento y posición social. En la sociedad helenística, las élites estaban obsesionadas con la *philotimia*, el amor al honor público, que intentaban conseguir haciendo donaciones de edificios, altares e inscripciones que fueran colocados de manera prominente en su ciudad. Promover el culto del emperador era una de las mejores maneras de ganarse el favor de Roma, de modo que los aristócratas se esforzaban por superarse unos a otros en su devoción al culto. Los rituales imperiales saturaban cada aspecto de la vida pública en las provincias, invadiendo el espacio público casi de la misma forma que las imágenes y los sonidos de la Navidad lo invaden todo en los modernos países occidentales. Los aristócratas no sólo pagaban por esos sacrificios, sino que también oficiaban el culto al emperador como sacerdotes, el símbolo más elevado

---

204. S. R. F. Price, *Rituals and Power: The Roman Imperial Cult in Asia Minor* (Cambridge University Press, Cambridge y Nueva York: 1984); Paul Zanker, *The Power of Images in the Age of Augustus* (University of Michigan Press, Ann Arbor, 1988).

de la posición social. El culto tenía tal aceptación que a finales del reinado de Augusto atribuir «honores divinos» (*isotheoi timai*) a alguien que no fuera el emperador se había vuelto políticamente incorrecto.[205]

El culto al emperador era mucho más prominente en la tierra de Jafet que en Siria y Cilicia, así que tuvo que causar una dolorosa impresión en Pablo, no sólo porque era religiosamente ofensivo, sino por sus implicaciones políticas y sociales. Macedonia y Acaya habían sido conquistadas en un principio por la fuerza militar, pero, a diferencia de Judea y Galacia, estas provincias estaban ahora tan completamente pacificadas que Roma no tenía necesidad de establecer una presencia militar allí y la capital podía fiarse de la lealtad de la clase dirigente local. En cambio, el culto imperial actuaba como la cola que cohesionaba al vasto imperio en su lealtad a Roma, respaldada por una estrecha red de relaciones de clientelismo.[206]

Cuando Augusto se convirtió en gobernante único del imperio, hizo un llamamiento a regresar a los valores tradicionales romanos, especialmente a la *pietas*, obligación para con la familia y el país. Se presentó a sí mismo ante los ciudadanos de Roma como su padre y patrono, manifestando su devoción paterna en obras públicas de gran magnitud. A cambio, esperaba lealtad (*pistis*) de sus súbditos. También en las provincias la élite local describía a su emperador como el ser benevolente que había traído la paz y la seguridad y cuyo mandato estaba bendecido por los dioses, así que se esperaba que los pueblos conquistados aceptaran su sometimiento. Pero Pablo no tardó

---

205. Price, *Rituals and Power*, 49.

206. Horsley, introducción a «The Gospel of Imperial Salvation», en Horsley ed., *Paul and Empire*, 11-13.

en descubrir la injusticia estructural del sistema romano, que creaba una división social insalvable entre la clase dirigente aristocrática y el pueblo. Ricos y pobres vestían diferente, comían diferentes alimentos y hablaban prácticamente distintos idiomas. Se esperaba que las masas mostraran su deferencia para con sus superiores en miles de rituales en el curso de un solo día. El omnipresente espectáculo de la cruz era el recordatorio de lo que podía suceder si te desviabas de la línea trazada y dejaba expuesta la crueldad en la que se apoyaba ese sistema supuestamente benigno.

Dado que como colonia romana Filipos seguía las costumbres de Roma e Italia, el culto al emperador debió haber sido allí particularmente intenso. Al cabo de los años, cuando Pablo escribió a los filipenses, citó el Himno de Cristo, que describía la *kénosis* de Jesús y subsiguiente exaltación por Dios. En este entorno, donde era una ofensa conceder «honores divinos» a cualquiera salvo al emperador, cantar este himno podía tener peligrosas consecuencias.[207] El himno indicaba claramente que a diferencia del emperador que buscaba «igualarse a Dios» (*isa theo*), Jesús no había tratado de obtener esa distinción; su ascensión al reino de los cielos había sido una iniciativa de Dios para recompensarle por su humilde aceptación de la muerte en una cruz romana. Los conversos de Pablo en Filipos, evidentemente, provenían de las clases más pobres de la sociedad y no tenían los mismos derechos que los ciudadanos romanos. Pero Pablo les dijo que se declararan de facto independientes del sistema imperial. Filipos podía ser una colonia romana, pero su *ekklesia* era una «colonia celestial».

207. Heen, «Phil 2:6-11», en Horsley, ed., *Paul and the Roman Imperial Order*.

Una colonia que compartía el espíritu de la patria y no el de la cultura indígena, de modo que eran ciudadanos del Cielo, su verdadera comunidad (*politeuma*), y su «salvador» no era Claudio, sino Jesús el Mesías.[208] Harían de ello una realidad creando una comunidad de ayuda mutua. En lugar de participar de la incansable autopromoción de la élite, debían imitar la *kénosis* de Jesús. «No hagáis nada por egoísmo o vanidad; más bien, con humildad, considerad a los demás como superiores a vosotros mismos. Cada uno debe velar no sólo por sus propios intereses sino también por los intereses, de los demás.»[209] Ello les permitiría mantenerse firmes ante el acoso de las autoridades de esta «generación torcida y depravada» y brillar «como estrellas en el firmamento».[210]

Estos lazos sociales se vieron reforzados por signos de la organización que iba surgiendo. Pablo estaba creando una red de «colaboradores» para que le ayudaran a reunir a las comunidades alejadas. En Filipos incluían a Clemente y Epafroditas y a dos mujeres, Sinteje y Evodia. En las congregaciones de Pablo parece que había tanto líderes masculinos como femeninos, dado que «en Cristo» la igualdad de género, así como la de clase y étnica eran obligatorias. Cuando escribió a la *ekklesia* de Filipos, infringió las convenciones grecorromanas al resaltar deliberadamente a estas mujeres, observando que habían «luchado a mi lado en la obra del evangelio».[211] Los filipenses se convertirían en los discípulos

---

208. Filipenses 3:20; traducción sugerida por Knox, *Capítulos*, 114-15.

209. Filipenses 2:3-4.

210. Filipenses 2:15.

211. Filipenses 4:3.

más fieles de Pablo. Antes de que abandonara la ciudad, recaudaron dinero de sus escasos recursos para ayudarle en su misión.[212]

Las subversivas enseñanzas de Pablo pudieron haberle acarreado la expulsión de la ciudad; escribiría sobre las «injurias y ultrajes» que él y sus compañeros habían sufrido en Filipos. Pero sin dejarse intimidar, siguió presionando, penetrando todavía más profundamente en el mundo romano, hasta que llegó a Tesalónica. Desde el año 146 a.C., la ciudad había sido capital de la provincia de Macedonia y el culto al emperador tenía mucha fuerza. Los aristócratas de Tesalónica honraban a sus poderosos patrones romanos junto con sus propios dioses en inscripciones, discursos públicos y fiestas.[213] Durante el siglo I a.C., la diosa Roma se había incorporado al panteón local con su propio sacerdocio y se construyó un templo para Augusto. Al mismo tiempo, Julio César reemplazó a Zeus en las monedas de la ciudad, y aunque Augusto no era reconocido explícitamente como «hijo de Dios» en Tesalónica, en tanto que hijo adoptivo de Julio César era implícitamente reconocido como *divi filius*, hijo del divino Julio.[214]

Pablo introdujo entre los tesalonicenses un nuevo «señor» (*kyrios*), «hijo de Dios» (*theou huios*), y «salvador» (*soter*). Había otros dioses redentores en la ciudad, en especial Cabirus, un herrero asesinado por sus hermanos que regresaría un día para ayudar a los pobres y los necesitados.

---

212. Filipenses 4:15.

213. Holland L. Hendrix, «Thessalonicans Honor Romans» (Tesis Doctoral, Harvard Divinity School, 1984), 253, 336; Karl P. Donfried, «The Imperial Cults of Thessalonica and Political Conflict in 1 Thessalonians», en Horsley, ed., *Paul and Empire*, 217-19.

214. Hendrix, «Thessalonicans Honor Romans», 170.

Pero la aristocracia había adoptado a Cabirus en sus propios rituales y Pablo pudo presentar a Jesús como un salvador más auténtico.[215] Recordaría durante mucho tiempo el entusiasmo con el que los tesalonicenses habían recibido el evangelio, porque se haría famoso en el movimiento de Jesús: «Ellos mismos hablan de lo bien que vosotros nos recibisteis y de cómo os convertisteis a Dios dejando los ídolos para servir al Dios vivo y verdadero, y esperar del cielo a Jesús [...]»[216] También fundó aquí una *ekklesia* que era un desafío directo a la asamblea de ciudadanos de la élite, ya que comprendía artesanos y trabajadores de las escalas más bajas de la estratificada economía urbana.[217] Por eso les dijo que honraran a sus propios líderes, que «trabajan arduamente entre vosotros», en lugar de a la clase dirigente.[218] La solidaridad y la ayuda mutua es lo que debe caracterizar a la *ekklesia* del Mesías y no la desigualdad social.[219] Él mismo trabajó codo con codo con otros artesanos en su taller, donde predicaba el evangelio, y más tarde recordaría los «esfuerzos y fatigas» de esa época mientras ejercía su oficio «día y noche para no seros una carga», una existencia muy diferente del relato de Lucas sobre Pablo manteniendo importantes debates públicos en las sinagogas de Tesalónica.[220]

---

215. Dewey *et al.*, trad., *Authentic Letters*, 27; Horsley y Silberman, *The Message and the Kingdom*, 155-56.

216. 1 Tesalonicenses 1:9-10.

217. Cf. 2 Corintios 8:2-4.

218. 1 Tesalonicenses 5:12.

219. 1 Tesalonicenses 5:14-15.

220. 1 Tesalonicenses 2:9; Hechos 17.

Aquí Pablo también encontró hostilidad manifiesta y recordaría cómo Silas y Timoteo habían predicado «sincera y valientemente frente a una gran oposición». Había alertado a los tesalonicenses de que probablemente ellos también iban a padecer sufrimientos por el evangelio.[221] Claudio había expulsado recientemente de Roma a judíos que podrían haber sido miembros del movimiento de Jesús, porque —explicaba el historiador Suetonio— estaban alborotando en nombre de un tal «Chrestus». Pero Pablo no estaba a favor de una acción tan manifiesta. En su opinión, los tesalonicenses debían esperar pacientemente el regreso de Jesús. En este periodo, les dijo, «procurad vivir en paz con todos, ocupaos de vuestras propias responsabilidades [...] para que por vuestro modo de vivir os ganéis el respeto de los que no son creyentes, y no tengáis que depender de nadie».[222] Sí, eran en verdad hijos de la luz luchando contra las fuerzas de la oscuridad, pero estaban únicamente armados con armas espirituales: «protegidos por la coraza de la fe y del amor y por el casco de la esperanza de la salvación».[223]

Al poco tiempo Pablo tuvo que huir de Tesalónica a toda prisa. Lucas, como siempre, echa la culpa a la comunidad judía local, que se quejaba a los magistrados locales de que Pablo y Silas habían trastornado el mundo entero con sus predicaciones: «Todos ellos actúan en contra de los decretos del emperador, afirmando que hay otro rey, uno que se llama Jesús».[224] Lucas pudo haber captado el cariz subversivo de las enseñanzas de Pablo aquí. Sin dejarse intimidar, éste se diri-

---

221. 1 Tesalonicenses 2:2, 3:4.

222. 1 Tesalonicenses 4:11-12.

223. 1 Tesalonicenses 5:5, 8.

224. Hechos 17: 6-7.

gió hacia el oeste. De sus cartas sabemos que pasó algún tiempo solo en Atenas, enviando de vuelta a Timoteo a Tesalónica para ver cómo se las estaba arreglando la comunidad. El relato de Lucas de la visita de Pablo a Atenas se ha hecho famoso. Lo describe predicando ante el Consejo del Areópago como un filósofo griego, sosteniendo la existencia de Dios a partir de la razón natural, alabado por los poetas griegos como «no está lejos de ninguno de nosotros, puesto que en él vivimos, nos movemos y existimos».[225] Pablo no tenía demasiado tiempo para la sabiduría griega, y es más probable que Lucas estuviera describiendo lo que habría dicho de tener la suerte de hablar en Atenas, aunque para entonces hacía tiempo que su edad dorada había terminado. No hay pruebas históricas de que hiciera conversos allí o fundara una comunidad en esa ciudad.

Pablo estaba más interesado en las ciudades modernas del imperio, y en otoño del año 50 d.C. llegó a Corinto, la ciudad más próspera de Acaya. La antigua polis había resistido la expansión romana en el 146 a.C. y había sido totalmente destruida, permaneciendo en ruinas durante más de un siglo como crudo recuerdo del precio de oponerse a Roma. En el año 44 a.C., Julio César reconstruyó y repobló Corinto con esclavos liberados y bajo Augusto se convirtió en la capital de la provincia de Acaya con un procónsul como gobernador. Para cuando Pablo llegó, estaba considerada la cuarta ciudad más importante del imperio. Situada en el istmo que conecta el norte y el sur de Grecia, era un próspero centro comercial con una comunidad mixta de libertos de Italia, Grecia, Siria, Egipto y Judea. Estaba go-

---

225. Hechos 17: 28.

bernada por una aristocracia de hombres desarraigados pero ambiciosos que deseaban olvidar sus bajos orígenes y disfrutar de la riqueza de la ciudad. Pero Pablo no dejaría de observar la evidente disparidad entre los barrios opulentos y los talleres abarrotados y barrios industriales empobrecidos donde vivían él y sus discípulos. En Corinto fue aún más consciente de la violencia estructural del sistema de clientelismo romano, según el cual la clase dirigente dominaba todas las vías de comunicación con Roma y controlaba los escasos recursos de riqueza, poder y prestigio. Contar con un patrón poderoso ya fuera allí o en Roma era la única manera de progresar.

Al igual que el culto imperial, el sistema de clientelismo mantenía cohesionado el imperio. Un patrono reuniría clientes para impulsar su propio estatus entre sus iguales; prometería ayudar a esos subordinados, pero su poder radicaba en su capacidad de denegar o retrasar dicha ayuda, manteniendo a sus clientes dependientes y en suspenso. Dado que la mayoría de pobres estaban ligados de ese modo a las familias ricas, el sistema se convirtió en un instrumento de control social que dependía de su desigualdad. Como explican algunos historiadores, «la incapacidad de unos pocos centenares de satisfacer las necesidades de cientos de miles, su fracaso manifiesto de aliviar la pobreza, el hambre y la deuda, de hecho su explotación de estas circunstancias para asegurarse ellos una ventaja no deben verse como argumentos para la inadecuación del clientelismo, sino más bien como las condiciones para su florecimiento».[226]

---

226. Andrew Wallace-Hadrill, «Patronage in Roman Society: From Republic to Empire», en Andrew Wallace-Hadrill, ed., *Patronage in Ancient Society* (Routledge, Londres y Nueva York, 1989), 73.

A su vez, los aristócratas locales en las provincias dependían del mecenazgo de hombres poderosos en la capital imperial. Estos mecenas romanos expresaban su lealtad (*pistis*) a las provincias ayudando a sus «amigos» de allí; a cambio, esos «amigos» eran recompensados por su *pistis* para con Roma. Los gobernadores romanos de las provincias también dependían del mecenazgo de sus «amigos» en la capital y gobernaban construyendo una base de poder local, cultivando una clientela local de «amigos» entre la nobleza de la localidad. Todos competían entre sí para mostrar su lealtad al emperador participando con entusiasmo en su culto. No había pretensión de paridad en esas amistades, ya que aceptar el clientelismo era en sí mismo una aceptación tácita de inferioridad. Los aristócratas de menor rango y los libertos competían entre sí por crear su propia red de clientes leales entre las clases más bajas. Como explicó el senador e historiador romano Tácito, las «buenas» personas de una ciudad se definían por su conexión y lealtad a las grandes familias, mientras que las «malas» no formaban parte del sistema de clientelismo, ya fuera porque no tenían nada que ofrecer a los ricos o porque deliberadamente evitaban esa humillante subordinación.[227]

Pablo se definió a sí mismo como uno de los «malos» de Corinto al negarse persistentemente a aceptar ayuda financiera de mecenas locales. En cambio, siguió trabajando como artesano, viviendo en casa de una pareja judía, Aquila

---

227. Tacitus, *The Histories*, 1.4, ed. D. S. Levene; trad., W. H. Fyfe (Oxford University Press, Oxford, 2008), 4; Tácito, *Historias*, 1.4, ed. Akal, Madrid, 1989; John K. Chow, *Patronage and Power: A Study of Social Networks in Corinth* (JSOT Press, Sheffield, UK, 1992); Horsley, introducción a «Patronage, Priesthoods, and Power», en Horsley, ed., *Paul and Empire*; Peter Garnsey y Richard Saller, «Patronal Power Relations», en Horsley, ed., *Paul and Empire*; Richard Gordon, «The Veil of Power», en Horsley, ed., *Paul and Empire*.

y Prisca, que también eran fabricantes de tiendas de campaña. Pertenecían a los judíos expulsados de Roma por Claudio y se convirtieron en sus fieles amigos y compañeros.[228] En Corinto, Pablo ejercía su misión en el taller, predicando mientras trabajaba, y una vez más su evangelio fue recibido con un estallido del Espíritu Santo, ya que sus conversos eran capaces de profetizar, hablar en lenguas y curar a los enfermos.[229] En las casas de artesanos y tenderos se desarrollaron pequeñas congregaciones que se reunían en torno a su banco de trabajo. Una vez más fueron los pobres quienes aceptaron el evangelio. Dios, dijo Pablo a los Corintios, «escogió lo más abajo y despreciado, y lo que no es nada, para anular lo que es».[230] Al ejecutar al Mesías, los poderes se habían condenado ellos mismos a la destrucción. El Mesías ocupaba ahora un trono a la derecha de Dios, preparándose para «destruir todo dominio, autoridad y poder».[231] En Corinto la cruz fue el elemento central del mensaje de Pablo. Cuando Dios resucitó a Jesús, el desgraciado criminal, mostró su *pistis* para con los despreciados de este mundo. Allí donde el culto al emperador deificaba el poder y la riqueza, la cruz había revelado una serie de valores divinos completamente nuevos.

Pablo compartiría su metáfora del cuerpo de Cristo con la congregación de Corinto, una visión que anulaba la teología imperial oficial en la que el cuerpo era el microcosmos del

---

228. Hechos 18: 2-3.

229. 1 Corintios 2:4.

230. 1 Corintios 1:26-28.

231. 1 Corintios 15:24.

Estado y del universo.[232] César era la cabeza del cuerpo político; personificaba el estado terrenal y representaba a los dioses en un mundo terrenal. Pero en el cuerpo del Mesías no existía semejante jerarquía. Pablo describía en cambio un orden interrelacionado en el que todos los miembros, sin excepción, dependían unos de otros. La cabeza era degradada y ensalzados los miembros inferiores del cuerpo. Él expresaba esta importante visión política con la clase de humor subido de tono utilizado por los oradores para exponer a su audiencia una nueva forma de ver las cosas.

[...] Los miembros del cuerpo que parecen más débiles son indispensables, y a los que nos parecen menos honrosos los tratamos con honra especial. Y se trata con especial modestia a los miembros que nos parecen menos presentables, mientras que los más presentables no requieren trato especial. Así Dios ha dispuesto los miembros de nuestro cuerpo, dando mayor honra a los que menos tenían, a fin de que no haya división en el cuerpo, sino que sus miembros se preocupen por igual unos por otros. Si uno de los miembros sufre, los demás comparten su sufrimiento; y si uno de ellos recibe honor, los demás se alegran con él.[233]

Pablo permaneció en Corinto durante dieciocho meses, pero hacia el final de su estancia, en primavera del año 52 d.C., recibió noticias alarmantes de Tesalónica. Al parecer la comunidad de esa ciudad había sufrido algún tipo de perse-

---

232. Georgi, *Theocracy*, 60-61.

233. 1 Corintios 12: 22-26 (Biblia de Jerusalén).

cución, pero él se llenó de alegría al escuchar el encendido informe de Timoteo sobre su fidelidad y perseverancia puestas a prueba. Aun así, los líderes de Tesalónica le escribieron un tanto perplejos. Había prometido que todos verían el glorioso regreso del Señor, pero posiblemente como resultado de los recientes hostigamientos, algunos miembros de la comunidad habían fallecido. ¿Se reunirían también ellos con el Mesías triunfante? Sí, les respondió categóricamente en la primera de sus cartas que han sobrevivido.

Mientras vivía entre los gentiles, la imaginación de Pablo había quedado saturada del simbolismo romano que impregnaba el ambiente en que él, sus conversos y colaboradores pensaban y sentían. La propaganda imperial aireaba continuamente la «paz» (*eirene*) y «seguridad» (*asphaleia*) que Roma había llevado al mundo, pero esto, les decía él a los tesalonicenses, era una falsa ilusión que se haría añicos con la llegada del Mesías: «Cuando estén diciendo: paz y seguridad, vendrá de improviso sobre ellos la destrucción, como le llegan a la mujer encinta los dolores de parto. De ninguna manera podrán escapar».[234] Cuando describía la dramática llegada de Cristo, en lugar de recurrir a las imágenes convencionales del apocalipsis judío, utilizaba terminología que era muy novedosa en el movimiento cristiano, presentando el regreso de Jesús como una visita oficial de un emperador o rey a una ciudad provinciana.

El Señor mismo descenderá del cielo con voz de mando, con voz de arcángel y con trompeta de Dios, y los muertos en Cristo resucitarán primero. Luego los que

---

234. 1 Tesalonicenses 5:3.

estemos vivos, los que hayamos quedado, seremos arrebatados junto con ellos en las nubes para encontrarnos con el Señor en el aire.[235]

La palabra *Parusía* («presencia»), que se refería a la «llegada» ceremonial del emperador de visita, aparece repetidamente en la carta.[236] En cuanto los oficiales escucharan que el emperador se estaba acercando a la ciudad, sonaría la trompeta y una delegación de dignatarios irrumpiría por las puertas y saldrían deprisa a su encuentro para la *apantesis* ritual («encuentro»).[237] En la descripción de Pablo, evidentemente, Jesús, el auténtico Kyrios, ha sustituido a Claudio y las personas que se abalanzan a su encuentro son los conversos de Pablo que han dejado de ser los habitantes débiles y oprimidos de la ciudad para convertirse en sus ciudadanos más privilegiados. Ascenderán por los aires para saludar a su Señor y lo llevarán a la tierra. Dios, en la persona de Jesús, su representante, dejaría su reino celestial y se uniría a la gente corriente.[238]

En verano del 52 d.C., Pablo dejó finalmente Corinto y navegó hacia Éfeso. Si, como afirma Lucas, Lucio Junio Galión se convirtió en gobernador de Corinto mientras Pablo vivió allí, su estancia coincidió con una presencia más firme

---

235. 1 Tesalonicenses 4:16-17.

236. 1 Tesalonicenses 2:19, 3:13, 4:15.

237. 1 Tesalonicenses 4:17.

238. Donfried, «Imperial Cults», en Horsley, ed., *Paul and Empire*; Helmut Koester, «Imperial Ideology and Paul's Eschatology in I Thessalonians», en Horsley, ed., *Paul and Empire*; Abraham Smith, «Unmasking the Powers»: Toward a Postcolonial Analysis of I Thessalonians», en Horsley, ed., *Paul and the Roman Imperial Order*; Georgi, *Theocracy*, 25-27.

y enérgica en la ciudad y por lo tanto Pablo sería declarado persona non grata.[239] Se fue acompañado de Aquila y Prisca que se establecieron en la ciudad; Éfeso sería su hogar durante dos años y medio. Allí se le unió Tito, su viejo amigo de Antioquía, que llevó el evangelio a los distritos de alrededor. También estuvo brevemente en Éfeso un judío de Alejandría, elocuente y carismático, llamado Apolos, que llegaría a causarle muchos problemas.[240] Estaba a punto de empezar un nuevo y perturbador capítulo de su vida.

---

239. Hechos 18:12; no todos los expertos admiten que Pablo coincidiera con Galión.

240. Hechos 18:24.

4
Oposición a Pablo

Los problemas empezaron con la llegada de noticias preocupantes de las tierras altas de Galacia; al parecer, algunos conversos de Pablo se habían reunido allí con miembros judíos del movimiento de Jesús para los cuales él era un falso maestro.

Pablo, decían, no tenía derecho a decirles que eran hijos de Abraham; sólo podrían obtener ese privilegio si eran circuncidados y cumplían la ley de Moisés. Él se quedó horrorizado; una vez más, la cuestión que había estallado tan dolorosamente en Antioquía amenazaba ahora toda su misión.

Siempre había mantenido que los gentiles seguidores del Mesías no debían cumplir la Torá, dado que habían recibido al Espíritu Santo sin su ayuda. La Torá era valiosa para los judíos, pero sólo podía ser una distracción para los gálatas; obligarles a adoptar una forma de vida enteramente judía sería tan absurdo como exigir a los judíos que asumieran las antiguas tradiciones gálatas y comenzaran a festejar como guerreros arios, cantando sus canciones de bebedores y venerando a sus héroes guerreros.[241] Envió urgentemente una carta a la *ekklesia* de Galacia, instando a sus miembros en los más firmes términos a rechazar esos consejos. ¿No habían declarado acaso tras su bautismo que las viejas distinciones de raza, clase y género eran irrelevantes en la comunidad de Cristo que habían creado? Debían conservar a toda costa la libertad que habían experimentado con tanta alegría.

¿Quiénes eran aquellos que, en su opinión, estaban confundiendo a los gálatas? A menudo han sido identificados con los «intrusos» que interrumpieron la reunión de Pablo con las «Columnas» en Jerusalén o con los «mensajeros de Jacobo» que habían provocado aquella agitación en Antioquía. Pero parece más probable que en lugar de ser enviados de Judea, fueran personas del lugar, evangelizadas por misioneros judíos del movimiento de Jesús que no compartían los puntos de vista de Pablo. Al igual que Jacobo, creían que la fidelidad hacia la Torá era fundamental para la renovación de Israel y para acelerar la venida del Mesías. Dado que algunos gálatas podían pensar que unirse a Israel era preferible a asumir los valores romanos, se habrían sentido muy disgustados al escuchar que su situación era en realidad ambigua y que no eran ni una cosa ni la otra. En la ley romana, los judíos estaban oficialmente exentos del culto al emperador reinante porque se le hacía diariamente una ofrenda en el templo de Jerusalén. Una vez que se hubieran convertido en miembros de pleno derecho de Israel, creían los gálatas, habrían gozado de esa exención. Pero ahora que ya no eran judíos auténticos, serían objeto de acoso o incluso de persecuciones por las autoridades si se negaban a tomar parte en el culto imperial

---

241. Horsley y Silberman, *The Message and the Kingdom*, 169-70.

que se había vuelto repugnante para ellos desde su renuncia al paganismo.[242] Algunos gálatas habían decidido convertirse en prosélitos e iniciado su conversión al judaísmo, pero Pablo insistió con vehemencia en que no era necesario.[243]

El incidente nos recuerda que en esta temprana fase la voz de Pablo no era sino una más entre otras. Sus ideas llegarían a ser normativas para el cristianismo, de manera que tendemos a ver su firme actitud contra la circuncisión y cumplimiento de las leyes rituales judías como inevitable. Si no lo hubiera hecho así, asumimos, el cristianismo se habría convertido en una insignificante secta judía, dado que muy pocos gentiles habrían estado dispuestos a sufrir la peligrosa operación de la circuncisión. Los adversarios de Pablo en Galacia son considerados unos agresivos judaizantes, atrapados en lo que los cristianos han denominado el «legalismo» crónico del judaísmo, actitud que ha dañado gravemente las relaciones entre cristianos y judíos. De hecho, la intransigente actitud de Pablo en esta cuestión no era típica. Como fariseo, Pablo había creído que cuando una persona ha sido circuncidada tenía que cumplir toda la Torá, incluyendo el grueso de tradiciones legales de Israel transmitidas oralmente y más tarde codificadas en la Mishná.[244] Pero no son muchos los judíos que habrían estado de acuerdo con él, y los rabinos decidirían finalmente que la circuncisión no era necesaria para la salvación dado que «hay hombres justos entre

---

242. Gálatas 4:8-10.

243. Gálatas 1:6, 3:1-4, 5:1-12, 6:12-13; Mark D. Nanos, *The Irony of Galatians: Paul's Letter in First Century Context* (Fortress Press, Minneapolis, MN, 2002), 193-99; Mark D. Nanos, «Inter-and Intra-Jewish Political Context of Paul's Letter to the Galatians», en Horsley, ed., *Paul and Politics*, 146-56.

244. Gálatas 5:4.

los gentiles que participarán en el mundo por venir».[245] Que sepamos, no hubo más misioneros del movimiento de Jesús que adoptaran la intransigencia de Pablo. Aparte de sus cartas, todos los escritos del Nuevo Testamento iban dirigidos a comunidades judías que incluían gentiles y parecían no afectadas por sus ideas. Lejos de encontrar gravosos los rituales judíos, para un número importante de gentiles resultaban atractivos y los conversos de Pablo parecían no sólo dispuestos sino realmente ávidos de asumirlos.[246]

Los adversarios de Pablo en Galacia creían que la muerte heroica de Jesús y su resurrección habían inspirado un movimiento de renovación espiritual dentro de Israel; abogaban por una continuidad con el pasado. Pero él pensaba que la cruz había traído al mundo algo enteramente nuevo.[247] Al resucitar a Jesús, un delincuente condenado por la ley romana, Dios había tomado la asombrosa medida de aceptar lo que la Torá consideraba profanado. La ley judía decretaba: «Maldito todo el que es colgado de un madero»; al aceptar voluntariamente su deshonrosa muerte, Jesús se había convertido en un ser abominable y blasfemo frente a la ley. Pero al elevarlo a lo más alto en el cielo, Dios lo había justificado y liberado de toda culpa y, al hacerlo, declarado la ley romana nula y carente de sentido. Al mismo tiempo, las categorías de pureza e impureza de la Torá dejaban de tener validez alguna. El resultado era que gentiles ritual-

---

245. B. Sanedrín 13:2; Alan F. Segal, «Response: Some Aspects of Conversion and Identity Formation in the Christian Community of Paul's Time», en Horsley, ed., *Paul and Politics*, 187-88.

246. Krister Stendhal, *Paul among the Jews and Gentiles* (Fortress Press, Filadelfia, 1976), 69-71.

247. Dewey *et al.*, trad., *Authentic Letters*, 42-47.

mente impuros hasta entonces podían gozar también de las bendiciones prometidas a Abraham sin tener que someterse a la ley judía.

A diferencia de sus adversarios, Pablo insistía en la discontinuidad y, al hacerlo, infringía algunos de los valores más fundamentales de su tiempo. En el mundo antiguo, la originalidad no se premiaba como hoy en día. Nuestra moderna economía nos ha permitido institucionalizar el cambio de una forma que antes resultaba imposible. Una economía agraria sencillamente no podía desarrollarse más allá de cierto límite y no podía permitirse el constante desarrollo de la infraestructura que nosotros damos hoy por sentado. La gente vivía la civilización como algo frágil y prefería confiar en las tradiciones que habían soportado la prueba del tiempo. La gran antigüedad del judaísmo se había ganado el respeto de Roma, pero los romanos consideraban las nuevas formas de expresión religiosa como *superstitio*, algo que temer, porque carecían de la reverencia por la tradición ancestral. De manera que en lugar de encontrar atractivo el mensaje de Pablo, muchos gálatas se habrían sentido profundamente disgustados al oír que la mayoría de judíos consideraba su postura una impía ruptura con el pasado.

Pablo comprendía todo esto perfectamente. Sabía que estaba pidiendo a los gálatas que cuestionaran actitudes y principios aparentemente inamovibles. En su carta, por lo tanto, escribió en la forma retórica conocida como diatriba. La retórica, el arte del lenguaje persuasivo, era la asignatura clave de los estudios romanos; los chicos aprendían a escribir y a hablar en un estilo que influyera en su público y les convenciera de adoptar una forma concreta de actuar. La diatriba estaba concebida para obligar a la audiencia a poner en cuestión premisas fundamentales. Cuando leemos las cartas de Pablo es importante comprender que en aquella época las cartas no se leían en silencio. En cambio, se leían en voz alta, con gestos, mímica y soportes visuales para poner el énfasis en alguna cuestión. Una epístola, por lo tanto, era esencialmente un discurso y una representación dramática.[248] Cuando Pablo predicó su doctrina de la cruz a los gálatas durante su visita, pudo hacerles ver lo extremo de ese acontecimiento describiéndoles detalladamente a Cristo crucificado, o incluso permanecería bajo una cruz, apuntando hacia el cuerpo torturado de un hombre crucificado por las autoridades en uno de sus pueblos. De modo que en su carta les regañaba: «¡Gálatas torpes! ¿Quién os ha hechizado a vosotros, ante quienes Jesucristo crucificado ha sido presentado tan claramente?»[249]

Para un lector moderno, el agresivo estilo de Pablo en esta carta parece insultante y personalmente ofensivo. Pero en el siglo I d.C., hasta un público analfabeto habría reconocido que se trataba de una convención; Pablo escribía en una forma literaria en la que se esperaban exageración, burla e incluso insultos. Cuando atacaba la ley judía en su diatriba, no estaba afirmando que el judaísmo era incorrecto per se, ni tampoco estaba recurriendo a su propia experiencia. Como hemos visto, Pablo el fariseo no había tenido problemas con la observancia de la Torá; de hecho, estaba convencido de su excelente cumplimiento de la ley. En sus cartas no escribía para todos y nunca pretendió que su prédica fuera aplicable a todo el mundo, sino que siempre abordaba problemas es-

---

248. *Ibid.*, 159-60.

249. Gálatas 3:1.

pecíficos de una congregación particular. Tampoco legislaba para generaciones futuras de cristianos, ya que esperaba la Parusía en su propio tiempo. En su carta hablaba claramente de lo que incumbía únicamente a los gálatas, diciéndoles lo que creía ser bueno para *ellos*, no para el género humano en general. Tampoco denigraba al pueblo judío en su carta. Sencillamente discutía con sus adversarios judíos, quienes, en su opinión, no velaban por los intereses de los gálatas.

Comenzaba, como hemos visto, contando su propia historia: la revelación de Damasco, su relación con Pedro y con Jacobo, el concilio de Jerusalén y, por último, la amarga encrucijada de Antioquía. Su objetivo era explicar a los gálatas que no se sorprendía de lo que había ocurrido porque algo similar le sucedió a él, no una sino dos veces: primero, cuando los «intrusos» habían interrumpido su conversación con las Columnas y, segundo, cuando los «mensajeros de Jacobo» habían llegado a Antioquía. Estaba ansioso por explicar que en el concilio de Jerusalén, Jacobo y Pedro habían aceptado su misión entre los gentiles no relacionada con la Torá, porque la autenticidad de la fe de Tito les había convencido de que los gentiles podían ser justificados (*dikaiousthai*) por la fe en Jesús el Mesías y por ello no había necesidad de someterse a la circuncisión o a las leyes rituales de la Torá.[250] Más tarde, evidentemente, Jacobo e incluso Pedro, se desdijeron de ese acuerdo.

Antes del siglo XX, la frase *pistis Iesou Christou* se traducía al inglés como «la fe o lealtad de Jesús». No se refería a la fe de los mortales comunes y corrientes, sino sólo a la «fe» que Jesús tenía en Dios cuando aceptó su sentencia de

---

250. Gálatas 2:16, 3:13.

muerte y la «confianza» de que Dios lo convertiría en algo bueno; y Dios recompensó su acto de fe inaugurando una nueva relación con la humanidad que salvara a hombres y mujeres de la iniquidad e injusticia del antiguo orden, asegurando que todas las personas, fuera cual fuera su posición social o su raza, se convertirían en hijos de Dios. Pero desde la publicación de la Versión homologada estadounidense de la Biblia en 1901, esta frase se ha traducido por lo general como «fe en Jesucristo», equivalente a una creencia individual de los cristianos en la divinidad y acto de redención de Jesús.[251]

Pablo continuaba argumentando que la Torá no había sido revelada por tiempo indefinido, sino que había sido un acuerdo temporal. Ilustraba este punto comparando al pueblo judío con el heredero de una gran propiedad: mientras el muchacho es menor de edad, no tiene más libertad de acción que un esclavo; se emancipa y disfruta de los privilegios de un hijo sólo cuando llega a la mayoría de edad. Lo mismo nos sucedió a nosotros los judíos, explicaba a los gálatas. Pero entonces Dios envió a su hijo «para rescatar a los que estaban bajo la ley, a fin de que fuéramos adoptados como hijos».[252] Para los judíos como él mismo, explicó, la ley había cumplido la función de un *paidagogus*, el esclavo que acompañaba a los niños a la escuela, asegurándose de que se comportaban bien y no les sucedía daño alguno hasta que él los entregaba sanos y salvos a su maestro, momento en que comenzaba su verdadera educación. «Así que la ley vino a ser nuestro guía encargado de conducirnos a Cristo», proseguía,

---

251. Dewey *et al.*, trad., *Authentic Letters*, 65-66; Georgi, *Theocracy*, 36.

252. Gálatas 4:1-5.

«pero ahora que ha llegado la fe, ya no estamos sujetos al guía».[253] Gracias a la fe que Jesús había mostrado en la cruz, dijo Pablo a los gálatas, «vosotros sois hijos de Dios mediante la fe en Cristo Jesús»; judíos y gentiles estaban ahora en el mismo barco, dado que las viejas divisiones y categorías habían dejado de aplicarse.[254]

El estudioso alemán Dieter Georgi sostiene, sin embargo, que Pablo no hablaba simplemente de la Torá en esta carta, sino que se refería a la ley en general. En la diáspora, la actitud universalista de algunos judíos helenizados les había conducido, como a algunos de los filósofos griegos, a considerar las leyes ancestrales de diversos pueblos diferentes emanaciones de la voluntad de Dios. De modo que sostenían que Israel no era la única en poseer la ley de Dios; cada nación había desarrollado su propia versión de la ley eterna que existe en la mente de Dios. Griegos y romanos creían sin duda que sus sistemas legales eran un mandato divino, al igual que los judíos, pero desde Damasco, Pablo había desarrollado una visión más pesimista de la ley. Los emperadores afirmaban que la ley romana aportaba justicia (*dikaiosune*), y sin embargo había condenado a muerte a Jesús. Cuando Pablo escuchaba la palabra *dikaiosune*, la interpretaba inmediatamente a la luz de la traducción griega de la biblia hebrea.[255] Para los profetas, la justicia significaba igualdad social; habían denunciado a los gobernantes que no trataban a los pobres, las viudas y los extranjeros con equidad y respeto. A

---

253. Gálatas 3:24.

254. Gálatas 3: 26-28.

255. Dieter Georgi, «God Turned Upside Down», en Horsley, ed., *Paul and Empire*, 159-60.

partir de lo que había visto en sus viajes, la ley romana había fallado en impartir justicia en ese sentido; favorecía solamente a unos pocos privilegiados y esclavizaba prácticamente a la inmensa mayoría de la población.

En su carta a los tesalonicenses, había descrito a Dios declarando su solidaridad con aquellos a quien la ley romana ignoraba. Cuando Dios situó a Jesús a su derecha, se había aliado con las víctimas de la opresión. A los gálatas les presentó a Jesús sometiéndose voluntariamente a la condena de la ley y demostrando su solidaridad con los miembros más abyectos de la raza humana. La unidad social, la democracia, la igualdad y la libertad elogiadas en la ideología helenística no podían alcanzarse mediante forma alguna de jurisprudencia, porque, a pesar de su noble idealismo, en la práctica la ley siempre esclavizaba, denigraba y destruía. Los sistemas jurídicos del mundo dividían a los romanos de los bárbaros y a los judíos de los gentiles; privilegiaban a los hombres sobre las mujeres; creaban aristócratas que mandaban despóticamente sobre los esclavos. En Antioquía el estricto cumplimiento de la ley significaba que los judíos y los gentiles no podían comer en la misma mesa. Si el grito bautismal —«Ya no hay judío ni griego, esclavo ni libre, hombre ni mujer, sino que todos sois uno solo en Cristo Jesús»— debía convertirse en una realidad social, tendría que haber una reevaluación fundamental del concepto de autoridad y de lo que realmente era sagrado.[256]

En cuanto Pablo hubo despachado su carta a Galacia llegaron noticias de graves trastornos en Corinto. Una delegación de la gente de Chloe, probablemente miembros de la congregación familiar de Chloe en Corinto, había llegado a

---

256. Georgi, *Theocracy*, 33-52.

Éfeso para decirle que la *ekklesia* de Corinto se había dividido en enconadas facciones. Apolos, el judío de Alejandría, a quien Pablo conoció en Éfeso, estaba predicando una forma «espiritualizada» de evangelio, que proporcionaba a aquellos que lo seguían una «sabiduría» superior, la cual, afirmaban, les había elevado a un plano por encima del común de los mortales. Pedro, al parecer, también había llegado a Corinto con un mensaje diferente del de Pablo, y como él había conocido a Jesús en persona, también estaba atrayendo discípulos. Por último, los corintios que trataban de ascender de clase social en la ciudad estaban actuando como mecenas de algunas de las congregaciones domésticas y proveían los alimentos para la Cena del Señor. Estos nuevos miembros no tenían tiempo para el evangelio igualitario de Pablo; estaban arrastrando el movimiento hacia la red del clientelismo que dependía y medraba en la desigualdad. Disputando entre sí por el poder y el prestigio, tanto mecenas como clientes estaban tratando en realidad los dones del Espíritu como símbolos de estatus.[257]

¿Quién era Apolos y qué predicaba? Lucas nos dice que estaba lleno de fervor espiritual y que enseñaba los hechos de la vida de Jesús y su muerte con la mayor exactitud, aunque «sólo conocía el bautismo de Juan».[258] Juan el Bautista tenía un papel prominente en Q, el evangelio primitivo, que pudo haber sido puesto por escrito aproximadamente por esta época. Apolos pudo escuchar historias sobre Juan y Jesús durante una peregrinación a Jerusalén. Habría oído el relato del

---

257. Horsley y Silberman, *The Message and the Kingdom*, 171-75; Chow, *Patronage and Power*; Dewey *et al.*, trad., *Authentic Gospel*, 73-75.

258. Hechos, 18-25.

bautismo de Jesús, cuando el Espíritu descendió sobre él y una voz divina proclamó: «Este es mi Hijo amado; estoy muy complacido con él».[259] Pablo creía que Jesús se había convertido en hijo de Dios sólo cuando resucitó de entre los muertos, pero Apolos y sus seguidores creían que eso había ocurrido durante su bautismo.[260] ¿Quién tenía razón? Apolos creía que cuando los seguidores de Jesús eran bautizados, también se convertían en «hijos de Dios», es decir, en seres humanos perfeccionados y plenamente realizados en quienes Dios se deleitaba.[261] También enseñaba que el ser humano se componía de carne (*sarx*), alma (*psyche*), y espíritu (*pneuma*) y que estos diferentes aspectos estaban siempre en lucha entre sí.[262] Pero tras el bautismo, el Espíritu reinaba en el nuevo cristiano, manifestando su presencia en los dones de la profecía, la sanación de enfermos y el hablar en diversas lenguas. Sus discípulos de Corinto, los *pneumatikoi* («espirituales»), creían que el Reino era una realidad plena y que ya habían alcanzado la inmortalidad; no esperaban con ansia la Parusía, por haber alcanzado ya el estado humano supremo, como lo demostraban sus visiones, revelaciones y profecías.[263] De hecho, formaban una «aristocracia espiritual».

Apolos había recibido la influencia de la tradición de la Sabiduría Judía predicada originalmente por el filósofo judío Filo de Alejandría. Se basaba en una devoción personal a Sofía, la «Divina Sabiduría», un atributo o emanación de

---

259. Mateo 3:17; Lucas 3:22; Patterson, *Lost Way*, 218-22.

260. Romanos, 1:4.

261. 1 Corintios 4:8-9.

262. 1 Corintios 3:1-4.

263. 1 Corintios 12:1, 8; 14:2, 7-9.

Dios.[264] Esta espiritualidad fue la que permitió recuperar la dignidad a unos judíos que se sintieron humillados por vivir bajo el mandato imperial cuando ellos habían alcanzado una sabiduría superior a la de sus gobernantes.[265] Gracias a Apolos, los despreciados artesanos y trabajadores de Corinto habían abrigado fantasías similares, pues en la creencia de que eran seres humanos perfeccionados ahora podrían pretender ser de noble cuna y reclamar honores y distinciones sociales sin corromperse por esos logros mundanos.[266]

Todo esto resultaba muy atractivo para los artesanos, los esclavos y los tenderos y abría todo un mundo de emocionantes posibilidades. Como pensaban que habían alcanzado un conocimiento espiritual más elevado, los *pneumatikoi* ya no estaban sometidos a las reglas y convenciones obligatorias para «los que no tienen el Espíritu».[267] Ya habían alcanzado la libertad de los hijos de Dios, así que podían decir: «Todo está permitido».[268] Quienes deseaban subir en la escala social se sentían libres para asistir a los sacrificios públicos y banquetes (sin lo cual era imposible ascender en sociedad) y comer la carne de las víctimas sacrificiales, porque sabían que los ídolos adorados en esos rituales no existían.[269] Gracias al Espíritu, ahora tenían un dominio completo sobre sus cuerpos y las mujeres abandonaban a sus maridos y optaban por

---

264. Richard A. Horsley, «Rhetoric and Empire – and 1 Corinthians», en Horsley, ed., *Paul and Politics*, 85-90.

265. *Ibid.*, 87-89; Sabiduría de Salomón 6:1, 5.

266. 1 Corintios 1:26.

267. 1 Corintios 2:23, 15.

268. 1 Corintios 16:12, 10:23.

269. 1 Corintios 8:4-6.

la libertad del celibato; otros «espirituales» contraían matrimonios incestuosos pero socialmente ventajosos y se acostaban con prostitutas.[270] Algunos incluso perseguían agresivamente sus propios intereses demandando a otros miembros del movimiento de Jesús ante los tribunales paganos.[271]

Huelga decir que a Pablo todo esto le resultaba repugnante. En una larga carta, respondió a las preguntas planteadas por la «gente de Chloe», llevando un paso más allá el razonamiento con el que había comenzado su carta a los gálatas. Empezaba recordando a los corintios que durante su estancia había centrado su predicación en el Cristo crucificado. Ahora lo aplicaba a la enseñanza de los *pneumatikoi*. Los escritores de la Sabiduría Judía describían Sofía como «un espejo sin mancha del poder de Dios» y como «resplandor de la luz eterna que renueva el universo». Ella era «más radiante que el sol y supera a todas las constelaciones, y despliega su fuerza de un extremo hasta el otro, y todo lo administra de la mejor manera».[272] Pero Pablo hizo añicos este límpido mito de pureza, poder, delicadeza y belleza evocando la horrorosa imagen de la cruz. Cuando Dios resucitó el cuerpo de un delincuente convicto y lo sentó a su derecha, «convirtió en locura la sabiduría de este mundo».[273] Mientras los judíos veían la cruz como un escándalo y para los griegos sólo podía ser una locura, el «Cristo clavado en la cruz» había sido una nueva revelación de lo que significa-

---

270. 1 Corintios 5:1-5, 6:15-17.

271. 1 Corintios 6:1-3.

272. Sabiduría de Salomón 7:26-27, 29; 8:1.

273. 1 Corintios 1:20.

ban en realidad «el poder y la sabiduría de Dios».[274] Las ideas convencionales de los logros de lo divino y lo humano habían sido trastocadas.

En este escenario no quedaba «espacio para el orgullo humano» y las absurdas pretensiones de los «espirituales» quedaban sin fundamento. En cambio, Pablo las redujo implacablemente de tamaño, recordándoles que en realidad «pocos de vosotros sois sabios y pocos poderosos o de noble cuna». Cuando la comunidad del Mesías presentaba a Jesús como la revelación decisiva de Dios al mundo, estaban predicando un mensaje que nadie podía comprender. Si los romanos lo hubieran hecho, «no habrían crucificado al Señor de la gloria».[275] La cruz había trastocado todas las formas de poder, dominio y autoridad, mostrando que lo divino se manifestaba no en la fuerza sino en la debilidad.

A continuación Pablo comenzó a responder a las preguntas planteadas por la gente de Chloe; en cada caso la base de su razonamiento era la importancia de la comunidad. Vivir «en Cristo» no era un asunto privado. Como había insistido siempre, ello se lograba cuando uno ponía las necesidades de los demás por delante de las propias y se vivía en comunidad en el amor. En lugar de considerarse una aristocracia espiritual, los auténticos seguidores de Jesús imitaban su *kénosis*. Ya lo había indicado el Himno de Cristo: Jesús había logrado su elevado estatus únicamente a través del desapego y la aceptación de la muerte en la cruz. Fue en esta carta a los corintios donde Pablo desarrolló la imagen del cuerpo de Cristo, una comunidad que era interdependiente y pluralista

---

274. 1 Corintios 1:22-24.

275. 1 Corintios 2:7-8.

y honraba lo que el mundo consideraba vil. Se quedó horrorizado por las facciones que trataban de dividir ese «cuerpo»: «Unos dicen: Yo sigo a Pablo; otros afirman: Yo, a Apolos; otros: Yo, a Cefas; y otros: Yo, a Cristo. ¡Cómo! ¿Está dividido Cristo?»[276]

Como la fe en Cristo no era una búsqueda privada, sino una experiencia de vida en común, Pablo se oponía ardientemente al individualismo promovido por los «espirituales», instándoles en cambio a centrarse en la unidad y la integridad de toda la *ekklesia*. Se disgustó al enterarse de que miembros de la congregación del Mesías pleiteaban unos contra otros.[277] Cuando los «espirituales» afirmaban que eran libres de acostarse con prostitutas, estaban infringiendo la sagrada realidad de esta comunidad: «¿No sabéis que vuestros cuerpos son miembros de Cristo mismo? ¿Tomaré acaso los miembros de Cristo para unirlos con una prostituta?»[278] El hombre que se había casado con su madrastra para afianzar su vínculo con la nobleza estaba contaminando a toda la comunidad, al igual que la levadura fermenta toda la masa.[279] Dada la inmoralidad sexual por la que eran conocidos los corintios, las mujeres que abandonaban a sus maridos y los hombres que se negaban a tomar esposa estaban planteando problemas.[280] ¿Cómo podían estar seguros de ser capaces de controlar sus deseos? Pablo insistía en que «la mujer no se separe de su esposo. Sin embargo, si se separa, que no se vuelva a

---

276. 1 Corintios 1:12-13.

277. 1 Corintios 6:1-3.

278. 1 Corintios 6:15.

279. 1 Corintios 5:1-7.

280. 1 Corintios 7:1-2.

casar; de lo contrario que se reconcilie con su esposo. Así mismo, que el hombre no se divorcie de su esposa».[281]

La nueva moda del celibato, preconizada por Apolos, parece haber resultado especialmente atractiva para las mujeres, ya que ofrecía una oportunidad enviada por el cielo para librarse del sistema de los matrimonios concertados en serie; en cuanto fallecía un marido eran entregadas a otro. Las teólogas feministas han castigado a Pablo por prohibir a las mujeres liberarse de una vida de dominio masculino y maternidad.[282] Es verdad que quizá Pablo no apreciara plenamente la postura de las mujeres corintias. Pero su meta primordial en esta carta era impedir que la gente se alejara de la comunidad para disfrutar de una vida de contemplación privada. No estaba dictando instrucciones atemporales para mujeres que vivieran dos mil años más tarde. Dado su convencimiento de que la Parusía era inminente, semejante idea le habría horrorizado. Él abordaba simplemente una situación peculiar y específica surgida en Corinto en el verano del año 53. Más adelante, en la misma carta, abogaba escrupulosamente por la igualdad de derechos entre los hombres y las mujeres en el matrimonio: «El hombre debe cumplir su deber conyugal con su esposa, e igualmente la mujer con su esposo. La mujer ya no tiene derecho sobre su propio cuerpo sino su esposo. Tampoco el hombre tiene derecho sobre su propio cuerpo sino su esposa».[283] Pablo no era un entusiasta del ma-

---

281. 1 Corintios 7:10-11.

282. Elizabeth Schüssler Fiorenza, «Rhetorical Situation and Historical Reconstruction in I Corinthians», *New Testament Studies* 33 (1987); 386-403; Cynthia Briggs Kittredge, *Community and Authority: The Rhetoric of Obedience in the Pauline Tradition* (Trinity Press International, Harrisburg, PA, 1998).

283. 1 Corintios 7:3-4.

trimonio. Creía que como «el mundo que conocemos está desapareciendo», probablemente era mejor que los hombres y las mujeres no se cargaran con las responsabilidades del matrimonio. Pero dejó claro que se trataba de su opinión personal, no de una doctrina revelada que obligara a todos los creyentes hasta el fin de los tiempos.[284]

Dos pasajes de esta carta, sin embargo, son a menudo citados para demostrar que Pablo era un misógino empedernido, siendo el más notable de todos su mandato de que las mujeres guardaran silencio en público:

Como es costumbre en las congregaciones de los creyentes, las mujeres guarden silencio en la iglesia, pues no les está permitido hablar. Que estén sumisas, como lo establece la ley. Si quieren saber algo, que se lo pregunten en casa a sus esposos; porque no está bien visto que una mujer hable en la iglesia.[285]

Esto, es evidente, contradice de pleno la insistencia de Pablo de que la igualdad de género «en Cristo» debe ser completa. Esta discrepancia resulta tan patente que para muchos estudiosos este pasaje fue introducido en la carta de Pablo en una fecha posterior por quienes querían hacerle aparecer más acorde con las normas grecorromanas. Las cartas de Pablo fueron copiadas asiduamente después de su muerte y sobrevivieron en 779 manuscritos que datan del

---

284. 1 Corintios 7:25-40.

285. 1 Corintios 14: 33-35.

siglo III al siglo XVI.[286] Existen versiones diferentes en los primeros manuscritos de esta carta y, al parecer, los copistas añadían a veces observaciones que reflejaban sus propias opiniones y no las del apóstol. Una de ellas es casi seguramente el pasaje citado más arriba.[287] En primer lugar, se contradice con el interés de Pablo de conceder igualdad de derechos y obligaciones a los hombres y las mujeres al comienzo de esa misma carta, y es extraño escuchar precisamente a Pablo apelar a la autoridad de «la ley». Pero también existen razones textuales para esta inserción posterior. En los primeros manuscritos, que apenas datan del siglo III d.C., aparece en diferentes lugares, y en su posición actual interrumpe —casi a mitad de la frase— el razonamiento de Pablo acerca de los dones espirituales, que prosigue sin interrupción inmediatamente después.

El segundo texto citado para demostrar el machismo crónico de Pablo es el argumento, largo y lleno de digresiones, relativo a que las mujeres deben cubrirse la cabeza mientras oran o profetizan en la iglesia.[288] Lo interesante aquí es que para Pablo no resulta ningún problema que las mujeres hablen en público. Una vez más, el controvertido pasaje interrumpe su razonamiento. En el capítulo anterior había descrito la manera en que la comunidad debe comportarse durante las comidas y, por el bien de la unidad, instaba a los corintios a evitar ofender los gustos alimenticios de otras

---

286. Kurt Aland y Barbara Aland, *The Text of the New Testament*, trad. Erroll F. Rhodes (W. B. Eerdmans, Grand Rapids, MI; E. J. Brill, Leiden, 1987), 78-81.

287. Dewey *et al.*, trad., *Authentic Letters*, 112; Robert Jewett, «The Sexual Liberation of the Apostle Paul», *Journal of the American Academy of Religion* 47 (1979): 132.

288. 1 Corintios 11: 2-16.

personas. Luego viene esa discusión totalmente incoherente sobre que las mujeres deben cubrirse la cabeza, lo cual no tiene relación alguna con lo que viene antes o después, y a continuación prosigue inmediatamente con el asunto de las comidas en comunidad, centrándose esta vez en la Cena del Señor. Una vez más, en este controvertido texto la insistencia de Pablo en la autoridad masculina no encaja con su teoría y práctica de la igualdad de género y su insistencia retórica en las prácticas tradicionales es bastante ajena a él y tiene más que ver con las cartas deuteropaulinas del siglo II d.C. a Tito y Timoteo.[289]

El experto norteamericano Stephen J. Patterson, sin embargo, acepta la autenticidad de este pasaje, indicando que no exige a las mujeres cubrirse al estilo islámico, sino que se refiere a peinados masculinos y femeninos. Sugiere que los corintios estaban llevando al extremo el grito bautismal: «Ni hombre ni mujer». Los hombres se estaban dejando crecer el pelo, mientras que las mujeres lo llevaban suelto, en lugar de sujetárselo en un moño o llevar el tocado propio de las mujeres respetables. Por consiguiente, todos los miembros de la congregación llevaban melenas largas y sueltas y resultaba imposible distinguir los hombres de las mujeres. Pablo, sostiene Patterson, estaba de acuerdo con la teología de los corintios, pero en su opinión era un error eliminar la distinción entre los sexos porque no era lo que Dios había ordenado en la creación.[290] En aquella época, las mujeres que viajaban con los filósofos estoicos peripatéticos se cortaban el pelo y lleva-

---

289. Dewey *et al.*, trad., *Authentic Letters*, 110-11; Horsley, «Rhetoric and Empire», en Horsley, ed., *Paul and Politics*, 88.

290. 1 Corintios 11:11-12.

ban prendas masculinas para evitar ser molestadas en el camino. Puede que lo que Pablo estaba sugiriendo era que las mujeres no tenían que parecer hombres cuando predicaban u oraban, como si el hombre fuera la norma humana, sino que debían hacerlo como mujeres.[291]

Tras este controvertido pasaje, el texto prosigue con la petición de armonía en la Cena del Señor. Al parecer, los mecenas acaudalados, que pagaban la comida y proporcionaban el lugar de celebración, llegaban los primeros y disfrutaban de los mejores alimentos y vinos, de manera que no quedaba nada para los esclavos y artesanos que llegaban más tarde, una vez concluidas sus tareas.[292] El autor de la carta del Nuevo Testamento atribuida a Jacobo, hermano de Jesús, nos permite entrever lo que podía pasar cuando una comunidad llamaba la atención de un mecenas rico. Imagina a un hombre rico y a un hombre pobre llegando al mismo tiempo a la Cena del Señor. El hombre bien vestido es escoltado inmediatamente hasta un buen asiento, mientras que al hombre desharrapado se le dice: «Quédate ahí de pie o siéntate en el suelo, a mis pies». El autor se muestra horrorizado: ¿No ha escogido Dios a los que son pobres para que hereden el reino? Pero aquí los pobres eran apartados mientras sus ricos patronos y opresores recibían todos los honores.[293]

Pablo tuvo la misma reacción en cuanto escuchó lo que estaba sucediendo en Corinto. «¿Es que menospreciáis a la iglesia de Dios y queréis avergonzar a los que no tienen nada?», preguntó. La gente llevaba su propia comida, de ma-

---

291. Patterson, *Lost Way*, 227-38.

292. 1 Corintios 11:21-22.

293. Santiago 2:1-7.

nera que algunos tenían muchas cosas para comer y beber, mientras que otros no tenían nada. En lugar de celebrar la unidad de la congregación, se crearon grupos sectarios. Recordaba insistentemente a los corintios que la Cena era una conmemoración de la muerte del Señor y esperaba ilusionado su regreso. Evocaba la cruz y la *kénosis* del Mesías, de modo que esas actitudes estaban completamente fuera de lugar. Por lo tanto, «cada uno debe examinarse a sí mismo antes de comer el pan y beber de la copa. Porque el que come y bebe sin discernir el cuerpo, come y bebe su propia condena».[294] Aquí Pablo no estaba negando la transubstantación o presencia real de Cristo en la Eucaristía. En esta carta, el «cuerpo» es siempre la comunidad; aquellos que no reconocen el sagrado núcleo de la comunidad, en la que el Mesías está presente en todos sus miembros, han sido incapaces de reconocer al Señor.

Para contrarrestar las pretensiones de los *pneumatikoi*, Pablo se presentaba a sí mismo como justo lo opuesto de esta «aristocracia espiritual». Cuando se presentaban a sí mismos como «sabios», «inteligentes», «fuertes» y «poderosos», él les indicaba que había llegado a Corinto después de sufrir la humillación y el acoso en Macedonia, «con tanta debilidad que temblaba de miedo».[295] En todas sus cartas a los corintios hacía hincapié en la fragilidad, humildad e impotencia del Mesías crucificado. No trataba de impresionarles con «palabras sabias y elocuentes» sobre sus logros espirituales.[296] «Que nadie se engañe. Si alguno de vosotros se cree sabio

---

294. 1 Corintios 11:27, 29.

295. 1 Corintios 2:3.

296. 1 Corintios 2:4-5, 3:20-21.

según las normas de esta época, hágase ignorante para llegar así a ser sabio. Porque a los ojos de Dios la sabiduría de este mundo es locura.»[297]

Cuando respondía a los razonamientos de quienes se sentían libres de comer carne sacrificada a los ídolos, les instaba a no vanagloriarse por la fuerza de sus convicciones, sino a respetar las creencias de los miembros «más débiles» de la comunidad que consideraban erróneas esas prácticas. Sí, la teología de los *pneumatikoi* era correcta: esos ídolos no existían, por lo que no había una razón lógica para no comer esa carne. Pero ello no daba derecho a los «fuertes» a hacer alarde de sus opiniones avanzadas y progresistas y a ocasionar así el tropiezo de sus hermanos y hermanas en Cristo.[298] Si imitaran la *kénosis* de Jesús, no ejercerían sus derechos de esa manera. Él, por ejemplo, tenía derecho a aceptar ayuda económica para llevar a cabo su misión, y aun así eligió ganarse la vida con el trabajo manual para no ser una carga para los demás.[299]

El mismo principio se aplicaba al despliegue ostentoso de los dones del Espíritu. Los «espirituales» creían que su capacidad de expresar palabras inspiradas o hablar en lenguas demostraba su superioridad, pero se equivocaban al imaginar que ya habían alcanzado la perfección. Hasta la Parusía, todos esos dones —conocimiento (*gnosis*), profecía y lenguas— eran sólo versiones «parciales» de lo que estaba por llegar. Nuestra liberación plena de la fragilidad y mortalidad no había sido alcanzada todavía, pues era simplemente una espe-

---

297. 1 Corintios 3: 18-19.

298. 1 Corintios 8:9-11.

299. 1 Corintios 9; Stendhal, *Paul*, 60.

ranza de futuro. En una carta posterior, Pablo sostendría que el balbuceo extático e incoherente de glosolalia era en realidad una señal de debilidad y no de fortaleza: «No sabemos qué pedir, pero el Espíritu mismo intercede por nosotros con gemidos que no pueden expresarse con palabras».[300] Y en último término todos estos dones no servían de nada si no estaban imbuidos de amor: «Si hablo en lenguas humanas y angelicales, pero no tengo amor, no soy más que un metal que resuena o un platillo que hace ruido».[301] El don de lenguas, los milagros, los hechos heroicos, las revelaciones, el conocimiento espiritual e incluso un martirio no tenían valor si no estaban imbuidos de amor, un compromiso de auto-vaciamiento en la comunidad. Este «amor» no era sólo una cálida emanación del corazón; tenía que expresarse en hechos prácticos que edificaban —construían— la congregación. Esa era la razón por la que Pablo creía que la profecía era un don mayor que la glosolalia. Cuando alguien poseía el don de lenguas, nadie comprendía lo que estaba diciendo, pero la profecía podía llegar directamente al corazón de los demás. De manera que «el que habla en lenguas se edifica a sí mismo; en cambio, el que profetiza edifica a la iglesia».[302]

Al final de esta carta, Pablo atacaba la convicción de los *pneumatikoi* de que si ya eran inmortales, «no hay resurrección de los muertos».[303] Imaginar que uno ya era perfecto y estaba plenamente realizado era peligroso. Concedía la ilusión de que se podía hacer lo que se quisiera —acostarse con

300. Romanos 8:16, 23-26.

301. 1 Corintios 13:1.

302. 1 Corintios 14:4; Stendhal, *Paul*, 110-14.

303. 1 Corintios 15:12.

prostitutas, contraer uniones incestuosas e ignorar a los pobres en la Cena del Señor— porque ya eran inherentemente perfectos, actitud que conducía a la quiebra moral y reducía la fe a una manifestación del ego. Y, aún peor, subvertía completamente el significado de la muerte de Jesús. De manera que para que los «espirituales» volvieran a poner los pies en el suelo, Pablo les recordó que su movimiento no era una búsqueda nebulosa del éxtasis ni de otros estados exóticos de la mente. Al contrario, tenía su origen en acontecimientos históricos. Jesús había sufrido una muerte terrible, había resucitado físicamente y ahora estaba sentado a la derecha de Dios. Enumeró a quienes habían visto a Cristo resucitado: Pedro, los Doce, los quinientos hermanos, Jacobo y, por último, él mismo. La muerte de Jesús puede haber cambiado el curso de la historia, pero el proceso no se había completado todavía. Sólo cuando Jesús regresara en la Parusía «todos seremos transformados» y «la muerte será devorada por la victoria».[304] Entonces, sólo entonces, establecerá Cristo el Reino, «destruyendo todo dominio, autoridad y poder».[305]

Antes de terminar, Pablo anunció un nuevo proyecto que le ocuparía el resto de su vida activa. Ahora podía ver que sus *ekklesiai* eran vulnerables. Se perdían fácilmente y necesitaban afianzarse en los principios del movimiento de Jesús, que originalmente se había centrado en construir comunidades de ayuda mutua como una alternativa al opresivo orden imperial. Sus congregaciones debían volver a la realidad y en lugar de refugiarse en una neblina espiritual y privada, la gente debía lograr y expresar su profunda conexión con los de-

---

304. 1 Corintios 15:51-55.

305. 1 Corintios 15:24.

más. Había que recordarles los orígenes históricos de su fe para que dejaran de flotar en etéreas aventuras espirituales. De modo que decidió comenzar una colecta para la comunidad de Jerusalén. En el concilio de Jerusalén, había prometido a las Columnas que se «acordarían de los pobres», los *evionim*. Recolectar bienes para aliviar sus penalidades no sólo mostraría a Jacobo que su misión había dado frutos reales, sino que ayudaría a su comunidad a ordenar sus prioridades.

Ya había iniciado la colecta en Galacia. Sus discípulos de allí se habían tranquilizado con su carta y abandonado sus planes de convertirse al judaísmo. Cada semana después de la reunión del domingo, todos los miembros de la *ekklesia* aportaban lo que podían —una moneda, una baratija, una joya o una reliquia de familia— reuniendo poco a poco un montón de cosas que a su debido tiempo serían llevadas a Jerusalén. Este recordatorio semanal de la Ciudad Santa, el lugar de la muerte y resurrección del Mesías, ayudaría a los gálatas a desarrollar una relación nueva e independiente con Israel. Pablo nunca concibió la colecta como una especie de tributo pagado a una congregación superior; siempre se refirió a ella como un regalo (*charis*) de una congregación mesiánica a otra, iguales en importancia.[306]

En su carta, dio a los corintios las mismas instrucciones que había dado a los gálatas,[307] con la esperanza, quizá, de que este proyecto práctico sacaría a los corintios de su introversión solipsista y les ayudaría a cultivar el amor, una preocu-

---

306. Dieter Georgi, *Remembering the Poor: The History of Paul's Collection for Jerusalem* (Abingdon Press, Nashville, TN, 1992), 53-54.

307. 1 Corintios 16:12.

pación continua y tierna por la pobreza de los demás. La colecta sería también un recordatorio de que su fe tenía sus raíces en un acontecimiento histórico y que formaban una comunidad con otras congregaciones.[308] Contribuiría a alejar a los corintios de la red de clientelismo en la que habían quedado atrapados. En lugar de un sistema en el que los pobres dependían de las donaciones de los ricos, todo el mundo contribuiría a la colecta en tanto que participantes iguales. Haría frente al sistema tributario del imperio: en vez de arrancar riqueza de las provincias para donárselas a la capital, este sería un regalo de un grupo de súbditos a otros.[309] En su siguiente visita, dijo a los corintios que daría cartas de presentación a los delegados que llevaran su donación a Judea. Está claro que esperaba que la colecta estuviera lista cuando llegara a la ciudad. Pero una vez más las circunstancias estaban a punto de cambiar drásticamente y muy pronto la colecta se convertiría en una nueva fuente de disensión en Corinto.

308. Georgi, *Remembering the Poor,* 49-53.

309. Horsley y Silberman, *The Message and the Kingdom,* 176-78.

5
La colecta

La carta de Pablo a los corintios tuvo el efecto deseado y Timoteo pudo informarle de que había logrado que los «espirituales» volvieran al redil y que la congregación estaba impaciente por empezar la colecta. Los corintios también deseaban mantener un estrecho vínculo con él durante todo el proyecto y esperaban con ilusión su próxima visita. Pablo había planeado visitar Corinto después de su próximo viaje a Macedonia, probablemente en otoño del año 53 y pasar todo el invierno allí.[310] Pero descubrió que era incapaz de liberarse de sus compromisos en Asia Menor y envió a Tito en su lugar. Aunque Tito fue bien recibido, sus discípulos corintios se sintieron profundamente heridos y esa decepción pudo haber contribuido a la siguiente crisis en la ciudad.[311]

En el verano del año 54, Pablo se enteró de que un nuevo grupo de misioneros del movimiento de Jesús se había esta-

---

310. 1 Corintios 16:5-7.

311. 2 Corintios 1:13-22.

blecido en Corinto y estaba proclamando que desaprobaban sus enseñanzas. Mientras los «espirituales» habían sido influidos por la Sabiduría del judaísmo helenístico, estos nuevos apóstoles estaban motivados por la teología misionaria desarrollada por algunos judíos de la diáspora, que esperaban con ansiedad una era en la que todo el mundo se hubiera convertido al judaísmo. Israel, estaban convencidos, regiría sobre un nuevo orden mundial de justicia y equidad; sería una democracia, pero ello no significaba un gobierno de las perversas y enloquecidas masas, a las que estos nuevos misioneros prestaban muy poca atención. En cambio, el mundo sería gobernado por aquellos que mejor encarnaban las virtudes del pueblo judío. Para estos judíos misioneros los modelos eran los «humanos semejantes a dioses» (*theios anthropos*), como Moisés, Elías o el Mesías, que encarnaban los valores judíos y podían ser el modelo y estímulo de actos devotos.[312]

Los nuevos misioneros de Corinto creían que Jesús había sido una de esas personas divinas y que ellos mismos también representaban esas cualidades judías excepcionales. Sostenían que el rechazo de Pablo a aceptar ayuda financiera y su decisión de trabajar como un obrero era un reconocimiento tácito de que sus enseñanzas carecían de valor. Estaba claro que no era un *theios anthropos*. Al contrario, le acusaron de quitar dinero a los pobres con su colecta. Vanagloriándose de sus propios logros espirituales, los recién llegados introdujeron un estilo aristocrático de liderazgo en el movimiento de Jesús que violaba los ideales igualitarios de Pablo. Al enterarse de

---

312. Dieter Georgi, *The Opponents of Paul in Second Corinthians: A Study of Religious Propaganda in Late Antiquity* (T y T. Clark, Edinburgo, 1987 [1986], 227-28, 368-89.

lo que sucedía, él envió inmediatamente otra carta a los corintios, prometiendo visitarles en un futuro próximo.

Lo que sabemos de estos hechos proviene de un documento conocido como Segunda Carta a los Corintios. De hecho, no se trata de una sola epístola, sino de una colección de cinco cartas sin orden cronológico y con una interpolación no paulina. En esta correspondencia nunca menciona los nombres de sus nuevos adversarios, pero dado que estos engatusadores se daban tantos aires, les llama los «superapóstoles» y también «falsos apóstoles», embusteros que eran todo fachada pero carecían de sustancia y se disfrazan de apóstoles de Cristo.[313] Hacían ostentación de sus credenciales judías, dándoselas de «hebreos», «israelitas» y «descendientes de Abraham».[314] Mostraban su elevada comprensión de la tradición judía mediante interpretaciones de las escrituras sofisticadas y alegóricas, y afirmaban que sus trascendentales éxtasis y milagros demostraban su estatus divino. Allí donde Pablo insistía en que la muerte de Jesús señalaba una ruptura con el pasado, los superapóstoles reivindicaban el seductor atractivo de la Antigüedad. También eran capaces de presentar cartas de recomendación para demostrar que eran los auténticos representantes del movimiento de Jesús, indicando burlonamente que él no tenía esas credenciales.

Los superapóstoles habían absorbido plenamente el espíritu competitivo del mundo helenístico que celebraba lo extraordinario, lo asombroso, lo sobrehumano.[315] La economía de libre mercado y la ideología política del mundo grecorro-

---

313. 2 Corintios 11:5, 13.

314. 2 Corintios 11:22.

315. Georgi, *Theocracy*, 62-70.

mano funcionaban a base de este deseo tremendamente competitivo de reconocimiento y admiración. Era la cultura del milagro: inscripciones, poemas y oraciones celebraban hechos asombrosos que llenaban de estupor al populacho. La teología misionera de los superapóstoles era también una versión judía de un tema imperial de reconciliación universal que se remontaba a Alejandro Magno, quien, según Plutarco, «creía que su papel era el de unificador y reconciliador». Alejandro estaba decidido a que «una sola ley gobernara a todos los pueblos, que debían observar una única justicia y una única fuente de luz».[316] Los ciudadanos leales a Roma creían que los Césares habían asumido el liderazgo de Alejandro. Al reclamar este papel para el pueblo de Israel, los superapóstoles presentaban los asombrosos milagros de Jesús y sus propios hechos excepcionales como prueba de un poder sobrecogedor dentro del judaísmo, que un día obligaría al mundo entero a someterse a la «única ley» y al «objeto único» del mando judío.

Pablo había respondido a las reivindicaciones de Apolos y los «espirituales» presentándose él mismo como débil y vulnerable. Este tema se volvió aún más pronunciado cuando se enfrentó a la arrogancia de los superapóstoles. En el verano del año 54, realizó su primer intento de responder a sus afirmaciones.[317] Comenzó describiéndose a sí mismo y a sus colaboradores no como héroes conquistadores, sino como prisioneros de guerra llevados triunfantes en el corte-

---

316. Plutarco, *Life of Alexander*, 329c-330d, traducido en *ibid.*, 66. Plutarco, *Vidas de Alejandro y César*, Acantilado, Barcelona, 2016.

317. Esta carta se encuentra en 2 Corintios 2:14-6:13, 7:2-4. Los versos intermedios (6:14-7:1) son una adición posterior no paulina.

jo de Cristo.[318] No necesitaban cartas de recomendación para los corintios porque ellos mismos eran un testimonio viviente, inscrito de forma indeleble en el corazón de Pablo. A continuación respondió a la ostentación de los superapóstoles de sus tradiciones judías reiterando su creencia en que la Torá escrita había sido reemplazada por el Espíritu, la presencia viviente de Dios. Una vez más, esta era una carta escrita como respuesta a una serie de circunstancias muy particulares; no era una condena general del judaísmo per se, sino más bien una crítica de una interpretación del judaísmo basada en una mística coercitiva y en la explotación de lo extraordinario.

Pablo recordó a sus oyentes que en el monte Sinaí Moisés había estado en presencia de Yahveh y que cuando bajó, portando las tablas de la ley en las manos, su rostro estaba iluminado con un fulgor sobrenatural que asombró tanto a los israelitas «que tuvieron miedo de acercársele». Lo mismo había ocurrido cada vez que Moisés transmitía los mandamientos de Yahveh al pueblo: «Los hijos de Israel vieron el rostro resplandeciente de Moisés», y cuando éste acabó de hablar, les protegía de esa luz sobrenatural cubriéndose el rostro con un velo.[319] La antigua ley, comentaba Pablo, había sido llevada al pueblo con un esplendor tan radiante que les llenaba de asombro y temor y les mantenía a distancia. De manera que la revelación (*apocalipsis*) de la Torá había sido un «encubrimiento» más que un «desvelamiento», y hasta el día de hoy, proseguía Pablo, siempre que se lea la ley en voz alta, «se coloca un velo sobre la mente del oyente» y su sig-

---

318. 2 Corintios 2:14.

319. Éxodo 34:29-35.

nificado se volvía claro sólo cuando era interpretada alegóricamente. Pero ahora el Espíritu de Dios había retirado ese velo y se comunicaba directamente con todos. En lugar de los adornos mágicos de poder que habían dejado al pueblo sumido en una embotada aquiescencia, estaba la libertad de los hijos de Dios.[320] Jesús el Mesías no permanecía en una solitaria eminencia que desconcertaba y alarmaba a la gente; este «hombre divino» se hizo uno con sus seguidores, permitiéndoles participar en su gloria divina: «Todos nosotros reflejamos como en un espejo la gloria del Señor y somos transformados a su semejanza con más y más gloria».[321]

Los superapóstoles, afirmaba Pablo, habían olvidado que Jesús fue crucificado. El escándalo de su muerte había impedido que llegara el evangelio a aquellos cuyas mentes estaban cegadas por la pompa y magnificencia de César, «el dios de esta decadente edad». Los verdaderos apóstoles de Jesús no eran superhombres, sino quienes mostraban su debilidad para con la muerte en la cruz. Estaban atribulados, perseguidos y derribados: «Dondequiera que vamos, siempre llevamos en nuestro cuerpo la muerte de Jesús, para que también su vida se manifieste en nuestro cuerpo».[322] Eran por lo tanto Pablo y sus compañeros y no los superapóstoles los auténticos representantes de Cristo.[323] En lugar de vanagloriarse de sus brillantes logros, ellos sólo podían mostrar sus «sufrimientos, privaciones y angustias; azotes, cárceles y tumultos; trabajos

---

320. 2 Corintios 3:6-17.

321. 2 Corintios 3:18.

322. 2 Corintios 4:8-10.

323. 2 Corintios 4:14, 16-18.

pesados, desvelos y hambre».[324] «Hacednos un lugar en vuestros corazones», rogaba Pablo a sus conversos al final de la carta. «A nadie hemos agraviado, a nadie hemos corrompido, a nadie hemos explotado.» Pasara lo que pasara, la *ekklesia* de Corinto ocupaba un lugar permanente en su corazón.[325]

Podemos imaginar los dramáticos gestos del lector que representaba la carta de Pablo en Corinto, mientras imitaba el desvelamiento o encubrimiento de la Torá y la gente retrocedía llena de asombro y pavor. Los corintios recibieron esta representación favorablemente, pero la siguiente visita de Pablo en persona en otoño del año 54 fue un desastre. Acostumbrados ya a la pirotecnia verbal de los superapóstoles, los ciudadanos de Corinto tuvieron la impresión de que Pablo era un personaje sin importancia: «Sus cartas son duras y fuertes, pero él en persona no impresiona a nadie y como orador es un fracaso».[326] Parece que fue atacado y avergonzado frente a toda la congregación; tuvo que comparecer solo frente a un tribunal para afrontar cargos por fraude financiero. Fue reprendido por alardear de su experiencia en Damasco y por atemorizar a la congregación. Regresó a Éfeso abatido y derrotado, convencido de que su misión había fracasado.

Hay quien se hubiera sentido tentado de responder agresivamente a estas acusaciones, pero Pablo se limitó a repetir su convicción de que el auténtico poder residía en la impotencia. Derramando abundantes lágrimas, en un estado de gran angustia y ansiedad, dictó al escriba una nueva carta,

---

324. 2 Corintios 6:4-5, 9-11.

325. 2 Corintios 7:2-3.

326. 2 Corintios 10:10.

que llamó la «carta de las lágrimas».[327] Convencido de que ya no tenía nada que perder, se presentó a sí mismo como alguien que dice tonterías, componiendo el «Discurso del Insensato», una forma de diatriba retórica que utilizaba el humor para sorprender a los oyentes con un nuevo punto de vista y hacerles pensar seriamente en las consecuencias e implicaciones de su actual forma de pensar. «Que nadie me tenga por un insensato», comenzó, «pero aun cuando así me consideréis, de todos modos recibidme para poder jactarme un poco». Parece que no era el único tonto que había por allí, porque los corintios se habían dejado humillar e intimidar por aquellos charlatanes. Estaba claro que no les importaba aguantar a los bufones: «Aguantáis incluso a cualquiera que os esclaviza y os explota, y se aprovecha de vosotros, y se comporta con altanería, y os da bofetadas. ¡Para vergüenza mía confieso que hemos sido demasiado débiles!»[328] Él también podía pavonearse como los superapóstoles si quería, ya que tenía exactamente las mismas credenciales. Después de todo era un hebreo, un israelita y un descendiente de Abraham. ¿Y qué? Esos falsos apóstoles decían ser servidores del Mesías, pero Pablo podía superarlos; hablando aún como un insensato, en lugar de jactarse por sus numerosos logros, hizo una lista de sus catástrofes y fracasos:

Cinco veces recibí de los judíos los treinta y nueve azotes. Tres veces me golpearon con varas, una vez me apedrearon, tres veces naufragué [...]. Mi vida ha sido un continuo ir y venir de un sitio a otro; en peligros de

327. 2 Corintios 10-13.

328. 2 Corintios 11:16-21.

bandidos, peligros de parte de mis compatriotas, peligros en la ciudad, peligros en el mar [...]. He pasado muchos trabajos y fatigas y muchas veces me he quedado sin dormir; he sufrido hambre y sed y muchas veces me he quedado en ayunas; he sufrido frío y desnudez.[329]

¡Esto era de lo que podía presumir un discípulo de Cristo! Acabó este relato paródico describiendo su humillante huida de Damasco, cuando había sido ignominiosamente bajado en un canasto por la muralla de la ciudad.[330]

Mientras pasaba de sus cualificaciones apostólicas a sus logros espirituales, se negó a utilizar su habilidad retórica para asombrar y suscitar en su público un estado de bovina admiración. En cambio, contó la historia de su maravilloso vuelo místico por los cielos como si fuera un tonto, tartamudeando y titubeando como un zafio; en lugar de cautivar con sus visiones a los oyentes con la confianza mostrada por sus adversarios, su relato estaba salpicado de incertidumbre. ¿Estaba en el cuerpo o fuera del cuerpo? No lo sabía. ¿Llegó al último cielo? ¿Quién sabe? Pero al final, obligó a los corintios a considerar si era adecuado alardear de tales experiencias. Mientras se encontraba en ese estado, les dijo, «escuchó cosas indecibles que a los humanos no se nos permite expresar». Pero él de lo único que iba a alardear era de su debilidad, y «sin embargo, no sería insensato si decidiera jactarme, porque estaría diciendo la verdad».[331] Para impedir que se volviera presumido por esas revelaciones, como los supera-

---

329. 2 Corintios 11:24-27.

330. 2 Corintios 11:32-33.

331. 2 Corintios 12:1-6.

póstoles, Dios le clavó una «espina en el cuerpo». ¿Fue una tentación? ¿Una enfermedad del cuerpo? No lo sabía; él sólo repetía lo que Dios le había dicho: «Mi poder se perfecciona en la debilidad». Y así concluyó su alegato: «Porque cuando soy débil, entonces soy fuerte».[332]

Al poco de haber enviado su «carta de las lágrimas», la suerte de Pablo volvió a caer en picado. Los últimos años de Claudio se habían visto ensombrecidos por intrigas cortesanas, y en octubre del año 54 fue envenenado por su esposa y sucedido por Nerón, su hijo adoptivo de diecisiete años. La llegada del nuevo emperador fue recibida con alivio y alegría y se produjo un resurgimiento generalizado del culto imperial. Pero Roma tenía problemas: los partos amenazaban la frontera oriental y había levantamientos en Judea. Se necesitaban chivos expiatorios y Marco Junio Silanus, gobernador de Asia, fue asesinado por los agentes de Nerón bajo sospecha de traición. En el curso de una redada de alborotadores locales, Pablo fue hecho prisionero en Éfeso. Lucas, defensor siempre de Roma y reacio a admitir que Pablo fuera considerado alguna vez enemigo del imperio, no dice nada al respecto. Afirma en cambio que su misión en Éfeso concluyó después de un tumulto en el templo de Artemis, cuando los plateros que realizaban las figuras de la diosa le acusaron de dejarles sin trabajo por desprestigiar el culto.[333]

Durante un tiempo la pena de muerte que le aguardaba parecía tan evidente que cayó en la desesperación. «Estábamos tan agobiados bajo tanta presión», escribió más tarde,

---

332. 2 Corintios 12:7-10.

333. Hechos 19:23-27.

«que hasta perdimos la esperanza de salir con vida».[334] Pero a medida que pasaban las semanas, su ánimo mejoró. Sus amados filipenses organizaron una colecta y enviaron a Epafroditas a Éfeso con dinero para sobornar a los carceleros y asegurar que Pablo recibiera mejores raciones y tratamiento. Él también se dio cuenta de que debido a su encarcelamiento, el evangelio estaba siendo ampliamente debatido, incluso por los oficiales de la guardia imperial, y que miembros del movimiento de Jesús se habían sentido con valor «para difundir la palabra de Dios sin miedo y con extraordinario valor». Es verdad que sus adversarios hablaban meramente «por rivalidad y competencia» y para provocarle a él dolor. Pero ¡qué más daba! Lo importante era que el evangelio estaba siendo proclamado. Al escribir a los filipenses para agradecer su generosidad, les dijo que había recuperado el equilibrio y esperaba «en nada ser avergonzado, sino que con toda libertad, ya sea que yo viva o muera, ahora como siempre, Cristo será exaltado en mi cuerpo».[335]

La generosidad de los filipenses le hizo ver la colecta para Jerusalén bajo una nueva luz. Los superapóstoles le habían mostrado que el egoísmo y la ambición dentro del movimiento podrían ser tan dañinos como la injusticia de las autoridades del imperio. Citó el Himno de Cristo a los Filipenses, recordándoles evitar esa actitud imitando la *kénosis* del Mesías en su vida cotidiana. Agradeció sus donativos, pero deliberadamente desvió la atención de la donación material y, tal vez demasiado groseramente, insistió en el hecho de que él no necesitaba esa clase de ayuda: «He aprendido a

---

334. 2 Corintios 1:8.

335. Filipenses 1:12-30 (Biblia de Jerusalén).

estar satisfecho en cualquier situación en que me encuentre».[336] Era el espíritu con el que se había hecho la ofrenda lo que le complacía. Desde el principio dijo a los filipenses que habían comprendido la ética de «dar y recibir», esencial en la misión de Jesús en Galilea. Su donativo era una expresión de amor. Pero era también un acto de adoración, «una oferta fragante, un sacrificio que Dios acepta con agrado», y sabía que Dios respondería con igual generosidad.[337] Así pensaría Pablo a partir de entonces en la colecta.[338]

Pablo fue liberado de la prisión en la primavera o el verano del año 55. No sabemos por qué o cómo sucedió. Quizá Prisca y Aquila, que como dijo más tarde, habían arriesgado la vida por él, le ayudaron a escapar. Estaba claro que no podía quedarse en Éfeso, así que se puso en camino inmediatamente hacia Troas, donde esperaba predicar el evangelio.[339] Pero estaba desesperado por tener noticias de Corinto. ¿Habría logrado la «carta de las lágrimas», enviada justo antes de su encarcelamiento, convencer a los corintios? Tito ya había partido hacia Corinto para comprobar lo sucedido, de manera que Pablo viajó a Macedonia para reunirse con él. Pero allí también encontró problemas, «conflictos por fuera, temores por dentro».[340] Parece que la antigua cuestión de la circuncisión había vuelto a aflorar y que algunos de sus seguidores macedonios estaban considerando seriamente la conversión al judaísmo. Escribió otra carta a los filipenses instándoles

---

336. Filipenses 4:11.

337. Filipenses 4:18.

338. Georgi, *Remembering the Poor*, 63-67.

339. 2 Corintios 2:12.

340. 2 Corintios 7:5.

firmemente a no prestar oídos a quienes trataban de obligarles a circuncidarse.[341] Pero no tenía tiempo para deprimirse por este revés porque Tito había llegado con la gran noticia de que, no se sabe cómo, ya fuera por la intervención de Tito o por propia iniciativa de los corintios, los superapóstoles habían sido derrotados y sus conversos estaban ansiosos por hacer las paces con Pablo. «Él [Tito] nos habló del anhelo, de la profunda tristeza y de la honda preocupación que vosotros tenéis por mí», escribió Pablo a los corintios en su «carta de reconciliación»,[342] «y de lo ansiosos que estáis por hacer las paces conmigo».[343] Se dio cuenta de que su carta les había herido y sabía que se habían reunido con Tito «llenos de temor y temblando» y que estaban dispuestos a hacer todo lo que él les pidiera.[344] De hecho, concluía Pablo, la experiencia les había fortalecido: «Fijaos lo que ha producido en vosotros esta tristeza que proviene de Dios: ¡Qué empeño, qué afán por disculparse, qué indignación, qué temor, qué anhelo, qué preocupación, qué disposición para ver que se haga justicia! En todo habéis demostrado vuestra inocencia en este asunto».[345]

Poco después de este inesperado acontecimiento, Pablo pudo decir a los corintios en su siguiente carta que los problemas de los macedonios también habían concluido. Habían

---

341. Filipenses 3:2-10. La epístola a los Filipenses es un documento compuesto que comprende quizá tres cartas diferentes combinadas por un editor, por lo que no sabemos exactamente cuándo sucedió este incidente.

342. 2 Corintios 1:1-2:13, 7:5-16.

343. 2 Corintios 7:7.

344. 2 Corintios 7:15.

345. 2 Corintios 7:11.

pasado un tiempo de padecimientos y, sin embargo, «en medio de las pruebas más difíciles, su desbordante alegría y su extrema pobreza, abundaron en rica generosidad». Ahora estaban ansiosos por contribuir a la colecta, y «soy testigo de que dieron espontáneamente tanto como podían y aún más de lo que podían».[346] Pablo instó ahora a los corintios a retomar el proyecto. Habían comenzado tan bien y eran ahora tan ricos «en fe, en palabras, en conocimiento, en dedicación y en vuestro amor hacia nosotros» que bien podrían sobresalir también en este generoso servicio (*leitourgia*) de Dios.[347] La alegría que Pablo expresaba repetidamente en esta época no era simplemente un sentimiento de felicidad, sino de deleite por la compañía y actividades de los miembros del movimiento de Jesús, señal del Espíritu que anunciaba el advenimiento de un nuevo mundo.[348] El proyecto de la colecta se había estancado penosamente durante un tiempo, pero ahora había adquirido un imparable impulso.[349]

Tito fue a Corinto a organizar la colecta con dos compañeros cuyos nombres no conocemos, aunque uno de ellos era muy respetado en el movimiento. Como las cantidades implicadas eran grandes, Pablo insistió en que la colecta fuera hecha por personas de reputación intachable.[350] Ahora pensaba en cómo sería recibido el generoso donativo en Jerusalén. ¿Sería posible que este acto de generosidad espontánea no persuadiera a Jacobo y a los judíos más conservadores de

---

346. 2 Corintios 8:2.

347. 2 Corintios 8: 7.

348. 2 Corintios 7:13; Filipenses 2:2; 1 Tesalonicenses 3:9.

349. Georgi, *Remembering the Poor*, 71-72.

350. 2 Corintios 8:20.

que sus conversos gentiles estaban verdaderamente imbuidos del espíritu de Dios? En otra carta, incluida en el corpus corintio, pero dirigida en realidad a las *ekklesiai* de Acaya,[351] Pablo describió la colecta como una manifestación del cuerpo de Cristo, lo cual demostraba la forma en que todos sus miembros se ayudaban los unos a los otros y cohesionaban todo el movimiento de Jesús. Tras años de amargos conflictos, esta unidad era un regalo divino, y su donativo a los *evionim* retornaría a Dios como un sacrificio igual a cualquiera de las ofertas hechas en el templo.

Pablo estaba convencido de que la colecta aceleraría la llegada del Reino y decidió que debía ser entregada lo antes posible. Isaías había previsto la procesión de gentiles a la Ciudad Santa en los Últimos Días, portando grandes regalos de cada región del mundo. Parecía casi como si el profeta estuviera hablando directamente a Jacobo y a su congregación de los *evionim*:

Alza los ojos y mira a tu alrededor:
Todos se reúnen y acuden a ti...
Verás esto y te pondrás radiante de alegría;
Vibrará tu corazón y se henchirá de gozo;
Porque te traerán los tesoros del mar,
Y te llegará la riqueza de las naciones.[352]

Pero la colecta no era un reconocimiento de la supremacía de Jerusalén sobre el movimiento; tampoco era un acto de patrocinio en que una comunidad más próspera echaba una

---

351. 2 Corintios 9:1-15.

352. Isaías 60:4-5.

mano a los «pobres» para afirmar su superioridad. Este tipo de distinciones no tenía cabida en la comunidad del Mesías. «Es una cuestión de igualdad [*isotes*]», insistía Pablo con énfasis a los corintios. «En las circunstancias actuales vuestra abundancia suplirá lo que ellos necesitan, para que a su vez la abundancia de ellos supla lo que vosotros necesitáis. Así habrá igualdad.»[353] Pablo no había utilizado la palabra *isotes* en sus cartas con anterioridad, pero este espíritu igualitario había impregnado toda su misión. La gente de Cristo tenía todo en común, demostrando una economía alternativa basada en compartir y en la reciprocidad dentro de una comunidad de iguales.

Tras esto pasó el invierno del año 55-56 en Grecia. Ahora estaba convencido de que su trabajo en las provincias orientales había llegado a su fin. Era una suposición extraordinaria. ¿Cómo podía imaginar que en el curso de unos pocos años había puesto las bases de una religión global? Pablo no era un estúpido; veremos que tenía serias dudas sobre la delegación a Jerusalén basadas en una aguda percepción de las dificultades involucradas. Pero es evidente que no estaba pensando en términos puramente pragmáticos. Estaba seguro de que Dios intervenía en la rápida restauración de la armonía y en la propia colecta. Esta creencia puede, quizás, haber sido su perdición.

Convencido de que el evangelio debía «llegar a los confines de la tierra», como Isaías había profetizado, se volvió ahora hacia Hispania, donde las Columnas de Hércules se alzaban al borde del océano que circundaba el mundo. En esta nueva fase de su misión, pretendía que Roma fuera la

---

353. 2 Corintios 8:13-14.

cabeza de puente de sus actividades en Europa, de manera que aquel invierno escribió su epístola a la comunidad de los seguidores de Jesús en la capital del imperio.

La carta de Pablo a los romanos está considerada su obra maestra y la recapitulación definitiva de su teología. Pero, como sus otras cartas, es más un imperativo social que un escrito sobre doctrina. En un aspecto es diferente del resto de su correspondencia, porque está escribiendo a una congregación con la que nunca se había reunido.[354] No sabemos quién dirigía el movimiento de Jesús en Roma; no existen pruebas históricas de que la congregación fuera establecida por Pedro, como dice la tradición. Desde Lutero esta carta se ha leído como la declaración definitiva de la revolucionaria doctrina de Pablo de justificación por la fe. Pero estudios recientes han demostrado que la interpretación de Lutero no se corresponde en absoluto con el pensamiento de Pablo, y que lejos de ser fundamental en su doctrina, este tema se menciona solamente en las cartas a los gálatas y a los romanos «a efectos específicos y concretos de defender el derecho de los conversos gentiles de ser herederos de pleno derecho de las promesas a Israel».[355] Los expertos también se han alejado del extendido supuesto de que los adversarios de Pablo eran siempre o bien judíos o bien cristiano-judíos «judaizantes».[356] Hemos visto que las preocupaciones de Pablo eran más amplias, incluyendo una condena político-religiosa de los «gobernantes de esta época», un tema que

---

354. Romanos 1:10.

355. Stendhal, *Paul*, 2.

356. Stanley K. Stowers, *A Rereading of Romans: Justice, Jews and Gentiles* (Yale University Press, New Haven, CT y Londres: 1994), 21-33.

adquirió un patetismo especial en una carta a los seguidores del Mesías en la capital del imperio.

Como era habitual, Pablo empezaba la carta presentándose a sí mismo y saludando a sus destinatarios, pero esta vez estaba escribiendo en lo que los antiguos llamaban el «estilo pulido». Su tono era grandilocuente y de embajador, ya que se presentaba a sí mismo como el enviado de Jesús, descendiente real de la Casa de David, con una misión universal. Su público romano notaría inmediatamente su apropiación de los términos prominentes en la teología imperial, términos que nos son ahora tan familiares a nosotros:

> Este evangelio que Dios anunció por medio de sus profetas en las sagradas Escrituras habla de su Hijo, que según la naturaleza humana era descendiente de David, pero que según el Espíritu de santidad fue designado con poder Hijo de Dios por la resurrección. Él es Jesucristo nuestro Señor. Por medio de él y en honor a su nombre, recibimos el don apostólico para persuadir a todas las naciones que obedezcan a la fe [*pistis*].[357]

En la teología imperial oficial, los títulos «Hijo de Dios» y «Señor» se aplicaban por lo general al emperador y la palabra «evangelio» se refería a sus hazañas. Al hablar de Jesús en estos términos, Pablo estaba invitando tácitamente a la comunidad romana a declarar su lealtad al auténtico soberano del universo. Los miembros debían volverse conspiradores con él reconociendo que, sin saberlo los poderes estableci-

---

357. Romanos 1:2-5.

dos, se había producido un cambio fundamental cuando Dios había reivindicado al Mesías crucificado.[358]

Cuando Pablo hablaba del don apostólico que persuadiría a todas las naciones a obedecer a la fe, no se refería evidentemente a una creencia, sino a la lealtad. En la teología imperial oficial, César representaba la *pistis* de Roma —la fidelidad de Roma para con las obligaciones políticas y legales, la convicción de Roma sobre la probidad, confianza, veracidad y rectitud—. El término aparecía frecuentemente en monedas e inscripciones.[359] Sin embargo, cuando la palabra se aplicaba a gente corriente, *pistis* significaba simplemente la lealtad que los súbditos debían al emperador. Como en sus cartas anteriores, Pablo invirtió estas expectativas. Su evangelio anunciaba el «poder de Dios para la salvación de todos los que creen: de los judíos primeramente, pero también de los gentiles. De hecho, en el evangelio se revela la justicia [*dikaiosune*] que proviene de Dios, la cual es por fe de principio a fin».[360]

Pablo emprendió a continuación una feroz condena de la «impiedad e injusticia» de los seres humanos que se negaban a reconocer la omnipresencia de Dios en el mundo y se comportaban como si nada fuera sagrado.[361] Castigó su idolatría, sus vergonzosas prácticas sexuales, su «maldad, perversidad, avaricia y depravación». Eran culpables de envidia, traición, ambición, arrogancia e insolencia por un egoísmo crónico que les hacía considerarse el centro del universo en lugar de conceder ese lugar a Dios. Se suele considerar este ataque

---

358. Dewey *et al.*, trad., *Authentic Letters*, 101-102.

359. Georgi, *Theocracy*, 84.

360. Romanos 1:16-17.

361. Romanos 1:18-32.

una denuncia habitual de los judíos contra los gentiles, y, en realidad, Pablo reconoció expresamente que esta clase de retórica era muy común en las sinagogas. Pero los judíos no eran los únicos en criticar los males de su época. Escritores y políticos romanos de todos los credos estaban de acuerdo en que la civilización romana estaba declinando y que la suya era una «edad impía».[362] «¿Qué no deteriora el funesto paso del tiempo?», se lamentaba Horacio. «La edad de nuestros padres, peor que la de los abuelos, nos trajo a nosotros, todavía peores, que luego engendraremos unos hijos aún más corrompidos.»[363] Era este temor el que causaba un estallido general de esperanza cada vez que se nombraba un nuevo emperador, como si esta vez, por fin, se pudiera acabar con esa inmoralidad endémica.[364]

Pablo denunciaba los males de su época en este contexto más amplio. Puede que tuviera en mente a los superapóstoles judíos cuando hablaba de «envidia, engaño y malicia; y de que eran unos chismosos, calumniadores, insolentes, soberbios y arrogantes».[365] También podía estar pensando en la familia imperial cuando arremetía contra las perversiones sexuales de la época, porque circulaban muchos rumores sobre los vicios de la corte y las vergonzosas pasiones de las mujeres. ¿No había sido asesinado el propio Claudio por su esposa? Ni siquiera los césares, aclamados como «humanos de origen divino», guardianes de la *pistis* romana y defenso-

---

362. Virgilio, *Églogas*, Geórgicas I, 468.

363. Horacio, *Odas*, libro 3, 6:45-48. Horacio, *Obras completas*, trad. Alfonso Cuatrecasas, Planeta, Barcelona, 1986.

364. Stowers, *Rereading of Romans*, 122-24.

365. Romanos 1:29-30.

res de la ley, se libraban de la corrupción generalizada. Judíos y gentiles por igual proclamaban su creencia en la ley que regía la sociedad y representaba la voluntad de Dios, aunque todos sin excepción eran culpables de transgredirla. Esta dura diatriba introducía la reflexión de Pablo sobre el papel de la ley y, como en su carta a los gálatas, estaba considerando la ley en general, no sólo la Torá. A pesar de sus promesas, la ley no podía salvar a la humanidad de la tóxica injusticia social; de las divisiones de clase, raza y sociales; ni del caos moral y político.[366]

Pablo se centró a continuación, mediante un tropo retórico, en un miembro judío imaginario del público de la congregación romana, que había escuchado su lista de pecados y, suponiendo que se trataba de una condena judía más de la sociedad de los gentiles, sintió la satisfacción de la propia honestidad. Pero él se la cortó de raíz: «No tienes excusa tú, quienquiera que seas, cuando juzgas a los demás», le dijo, «pues al juzgar a otros te condenas a ti mismo, ya que practicas las mismas cosas».[367] ¿Podría alguien —judío o gentil— afirmar, en la intimidad de su propio corazón, estar libre de los pecados que acababa de enumerar? No, porque «Dios no considera justos a los que oyen la ley sino a los que la cumplen».[368] Dios no tiene favoritismos. Pablo insistía en que todo aquel, judío o gentil, que afirmara su superioridad sobre los demás, estaba equivocado porque Dios era Dios de los judíos y de los gentiles por igual.[369] Al referirse a un su-

366. Georgi, *Theocracy*, 91-92.

367. Romanos 2:1.

368. Romanos 2:11-12.

369. Romanos 3:29-30.

puesto judío del público, Pablo estaba utilizando el chauvinismo de los judíos como ejemplo de la confianza excesiva en
los privilegios y el estatus.[370] «Todos han pecado[...] ¿Dónde
pues está la jactancia?»[371] Judíos que juzgaban a los paganos,
seguidores judíos de Jesús que despreciaban y denigraban a
los miembros gentiles de la *ekklesia*, ciudadanos romanos que
consideraban a los judíos una raza inferior y sometida o
miembros de la élite aristocrática que creían que su posición
heredada les permitía mandar despóticamente sobre la plebe,
todos ellos serían juzgados por Dios cuando éste viniera a
poner fin a esta era.

Tal como Pablo afirmaba en su carta a los gálatas, la ley
dividía a los pueblos en clases, naciones y géneros, privile-
giando a algunos y oprimiendo a otros, de modo que los
judíos se sentían más importantes que los griegos y viceversa; los romanos se sentían superiores a los bárbaros, los libertos a los esclavos, y los hombres a las mujeres. Lo que
Pablo llamaba «ley» reflejaba no sólo la voluntad de Dios,
sino la voluntad general de la sociedad, que exigía cosas a los
individuos que les hacía sentirse agudamente conscientes de
sus defectos y puntos débiles, buscar de manera compulsiva
los honores personales y retroceder espantados ante la vergüenza pública.[372] «Mediante la ley cobramos conciencia del
pecado», explicaba Pablo.[373] Y cuando hablaba de sus propios pecados, siempre recordaba su propia persecución de

370. Horsley y Silberman, *The Message and the Kingdom*, 188-89; Dewey *et al.*, trad.,
Authentic Gospel, 206-207; Georgi, *Theocracy*, 89-90.

371. Romanos 3: 23-27.

372. Romanos 7:7-25.

373. Romanos 3:20.

los seguidores de Jesús. Al convertirse fue consciente repentinamente de que: «Yo no hago el bien que quiero». Su celosa obediencia a la ley no había acelerado la llegada del Mesías, sino que en realidad la había impedido. La causa no era la ley en sí, sino «la naturaleza pecaminosa que habita en mí».[374] Pero no se estaba quejando de su incapacidad de cumplir la ley, como pensaba Lutero. Para Pablo, el «pecado» que le había hecho perseguir a la comunidad del Mesías era egoísmo, la voluntad de satisfacer sus propios deseos y elevar su propio estatus a expensas de los demás. Había transformado la ley en un medio para obtener honor para sí mismo y para su grupo.[375] Buscar de esta manera privilegios y distinciones era negar la propia esencia de la ley y aspirar a un estatus divino.

Él había visto el peligro de esta clase de chauvinismo numerosas veces durante su misión. Había aflorado con resultados desastrosos en Antioquía, cuando los «mensajeros de Jacobo» obligaron a sus compañeros judíos a retirarse de la mesa compartida con sus hermanos y hermanas gentiles por un erróneo sentimiento de superioridad. Algo similar había hecho que sus conversos gálatas se sintieran inferiores a los judíos «auténticos». En Corinto, tanto los «espirituales» como los superapóstoles habían estado buscando un falso sentimiento de prestigio. Pablo sabía por propia experiencia lo atractivo que esto podía resultar; esa era la razón por la que había insistido en que el mejor modo de erradicar el pecado era en la *kénosis* diaria aplicada en una miríada de formas

---

374. Romanos 7:18-20.

375. Robert Jewett, «Romans», en James D.G. Dunn, ed., *The Cambridge Companion to St. Paul* (Cambridge University Press, Cambridge y Nueva York 2003), 97.

prácticas en una comunidad de ayuda mutua en la que todos eran iguales.

En su correspondencia con los corintios, había llamado «jactancia» a esta actitud pecaminosa. Al dirigirse a un hipotético judío que creía que la Torá le procuraba una ventaja inquebrantable sobre los gentiles, le decía:

> Tú te jactas de tu relación con Dios; de que conoces su voluntad y sabes discernir lo que es mejor porque eres instruido por la ley; estás convencido de ser guía de los ciegos y luz de los que están en la oscuridad, instructor de los ignorantes, maestro de los sencillos, pues tienes en la ley la esencia misma del conocimiento y de la verdad.[376]

Pero los gentiles romanos se sentían igual de poseedores de la verdad cuando se enfrentaban a un hombre convicto, desgraciado y ejecutado por la ley romana por la más leve falta. El espíritu de «jactancia» conducía a «los hechos de la ley», que eran la diferenciación social, la competencia agresiva, la avaricia, el conflicto y la desunión.[377]

El pecado había aparecido en el mundo por la egoísta autoafirmación de Adán y su negativa a aceptar límites: a sugerencia de la serpiente había aspirado a ser «como Dios» y trajo la desgracia al mundo.[378] En sus escritos a los filipenses, Pablo había afirmado que del Mesías surgiría una nueva

---

376. Romanos 2:17-20.

377. Georgi, *Theocracy*, 92-93; Josiah Royce, *The Problem of Christianity* (New York: Macmillan, 1913), 107-59.

378. Génesis 3:5, 22.

humanidad, la cual, a diferencia de los césares, «no consideraría la igualdad con Dios algo a lo que aspirar», sino que se habría «desembarazado» y convertido en nada esa ambición, chauvinismo y egoísmo. Renunciando a la protección del privilegio, el Mesías había aceptado «incluso la muerte en la cruz». Pablo había mostrado a los gálatas un Mesías que voluntariamente se había sometido al azote de la ley en solidaridad con todos aquellos condenados al ostracismo por sistemas legales que degradaban a unos y ensalzaban a otros. A los corintios Pablo había predicado la naturaleza participativa y colectiva de esta salvación, dado que todos los fieles formaban el cuerpo de Cristo. Ahora, ante la congregación romana, presentó a Jesús como un rey que, asombrosamente, se había unido a los rebeldes que infringían la ley:

> Como éramos incapaces de salvarnos, en el tiempo señalado Cristo murió por los malvados. Difícilmente habrá quien muera por un justo, aunque tal vez haya quien se atreva a morir por una persona buena. Pero Dios demuestra su amor por nosotros en esto: en que cuando todavía éramos pecadores, Cristo murió por nosotros.[379]

Cristo, a quien pertenecía sin duda el título imperial de «hijo de Dios», había invertido las normas vigentes en el ámbito político. Era la contrapartida directa del César, que se llamaba a sí mismo *primus inter pares* («el primero entre

---

379. Romanos 5:7-8 (Biblia de Jerusalén); Dewey *et al.*, trad., *Authentic Letters*, 208; Georgi, *Theocracy*, 96-99.

iguales»). Al ser reivindicado por Dios, Jesús puso fin a un concepto unilateral de *pistis*, que había significado la lealtad obligatoria de los súbditos hacia sus amos. El Kyrios Jesús había optado por la debilidad en lugar del privilegio y por una solidaridad basada en la igualdad en lugar de la alienación y la coerción. De ahí que los seguidores del Mesías hubieran sido liberados del dominio por el Espíritu, que «no era un espíritu que de nuevo les esclavizara al miedo», sino que les guiaría «hacia la gloriosa libertad de los hijos de Dios».[380] Ahora bien, Pablo se cuidaba de alertar a los romanos contra los errores de los «espirituales» corintios que se consideraban seres humanos perfectos. Hasta la Parusía, los seres humanos estaban sometidos al sufrimiento y la mortalidad, aunque podían confiar en su victoria final.[381]

Pero a medida que su carta se acercaba al final, añadió algunas instrucciones, que en una primera lectura parecen contradecir todo lo que había escrito con anterioridad. El intrépido adversario del imperio insistía ahora en lo siguiente:

> Todos deben someterse a las autoridades públicas, pues no hay autoridad que Dios no haya dispuesto, así que las que existen fueron establecidas por él. Por lo tanto, todo el que se opone a la autoridad se rebela contra lo que Dios ha instituido[...] ¿Quieres librarte del miedo a la autoridad? Haz lo bueno y tendrás su aprobación, pues está al servicio de Dios para tu bien[...] Así que es necesario someterse a las autorida-

---

380. Romanos 8:15-22.

381. Romanos 8:23, 34-37.

des, no sólo para evitar el castigo sino también por razones de conciencia.[382]

Este pasaje parece contradecir el mensaje global de Pablo de forma tan flagrante que algunos eruditos creen que se trata de una adición posterior.[383] Otros aceptan su autenticidad pero sostienen que se debe leer con relación a la convicción de Pablo del inminente regreso de Cristo para juzgar al imperio. Hasta entonces, el gobierno romano representaba la voluntad de Dios, pero el apoyo divino a esta situación era sólo temporal y sería retirado cuando Cristo derribara a los poderosos de sus tronos.[384]

Pablo nunca se había comportado como un agitador. Había dicho a los tesalonicenses que vivieran en paz y se ocuparan de sus asuntos. No había que hacer nada que condujera a las autoridades a una represión en masa de los seguidores del Mesías, ya que ello impediría la llegada del Reino. Los recuerdos de la expulsión decretada por Claudio de algunos miembros del movimiento de Jesús estaban todavía frescos en Roma. Él contaba con que la *ekklesia* romana apoyara su misión en Occidente y no quería arriesgar su supervivencia.[385] Otros apuntan que en este pasaje Pablo estaba citando un fragmento de la tradición judía que se remontaba a los tiempos de la República Romana antes del establecimiento del

---

382. Romanos 13:1-7.

383. Dewey *et al.*, trad., *Authentic Letters*, 253.

384. Horsley y Silberman, *The Message and the Kingdom*, 191.

385. Neil Elliott, «Romans 13:1-7 in the Context of Imperial Propaganda», en Horsley, ed., *Paul and Empire*; Elliott, «Paul and the Politics of Empire», en Horsley, ed., *Paul and Politics*.

imperio. Al citar deliberadamente este fragmento de legislación, ahora obsoleto, le daba una interpretación especial, instando tácitamente a la descentralización y socavando la ideología que identificaba el Estado como algo inseparable del César.[386]

Sin embargo, es sin duda significativo que Pablo insistiera inmediatamente en que la actividad política así como la ética deben someterse al mandamiento fundamental del amor: «Ama a tu prójimo como a ti mismo». «El amor no perjudica al prójimo. Así que el amor es el cumplimiento de la ley.»[387] Al interpretar este mandamiento Jesús había enseñado a sus discípulos que tenían que amar incluso a sus enemigos y perseguidores, al igual que Dios permitía que el sol brillara y la lluvia cayera sobre justos y pecadores.[388] Como siempre había predicado, las consignas eran las palabras «unidad» y «solidaridad». El odio político, con su sentido concomitante de superioridad moral, no tenía cabida en la comunidad del Mesías.

Pablo prosiguió insistiendo a los romanos, como había hecho con los corintios, que los «fuertes» no deben perjudicar la conciencia de los «débiles». Ya había alertado a los miembros judíos de las congregaciones contra la arraigada tendencia a mirar con desprecio a los paganos, pero parece que en la comunidad romana los miembros gentiles habían desarrollado un chauvinismo contra los judíos que, afirmaban, habían rechazado al Mesías y perdido irreparablemente

386. Georgi, *Theocracy*, 102.

387. Levítico 19:18; Romanos 13:9-10.

388. Mateo 5:43-44.

el favor de Dios.[389] Ello puede haber inspirado la apasionada defensa de Pablo del pueblo judío en los capítulos nueve a once de esta carta, en los que se identificaba firmemente con su propio pueblo. Esa grave situación, insistía, «le suponía una gran tristeza y un continuo dolor» de corazón:

Desearía yo mismo ser maldecido y separado de Cristo por el bien de mis hermanos, los de mi propia raza, el pueblo de Israel. De ellos son la adopción como hijos, la gloria divina, los pactos, la ley, y el privilegio de adorar a Dios y contar con sus promesas. De ellos son los patriarcas y de ellos, según la naturaleza humana, nació Cristo.[390]

Pablo no podía creer que Dios hubiera rechazado a su pueblo para siempre. Pero indicó que el «paso en falso» de rechazar al Mesías fue lo que permitió que la salvación llegara a los gentiles. Estaba convencido de que Dios tenía un plan secreto: El aparente endurecimiento del corazón de Israel duraría sólo «hasta que haya entrado la totalidad de los gentiles; una vez que eso haya sucedido todo Israel será salvo».[391]

Pero mientras tanto, los miembros gentiles de la *ekklesia* no deben mirar con desprecio a los miembros judíos que todavía cumplen las reglas alimenticias de la Torá. Los ciudadanos romanos de la comunidad pueden haber conservado

389. Mark D. Nanos, *The Mystery of Romans: The Jewish Context of Paul's Letter* (Fortress Press, Minneapolis, MN, 1996), 10 passim.

390. Romanos 9:2-5.

391. Romanos 11:11, 25.

su visión de los judíos como una raza dominada y considerar sus antiguas costumbres bárbaras. Pablo, como sabemos, ya no creía que esas prácticas fueran esenciales, pero la ley del amor excluía semejante chauvinismo, ya que todos los miembros de la familia del Mesías eran siervos de Dios. «Dejemos de juzgarnos unos a otros. Más bien, proponeos no poner tropiezos ni obstáculos al hermano[...] Si un hermano se angustia por lo que comes, ya no te comportas con amor.»[392]

Pablo había dedicado años de su vida a llevar a Dios a los gentiles, como habían profetizado las escrituras. Ahora transmitió a los romanos sus planes para la misión en Occidente y les dijo que esperaba visitarles de camino a Hispania. Esto le dio la oportunidad de presentar el tema de la colecta, que subrayaba la unidad de los judíos y los gentiles en la comunidad del Mesías:

> Macedonia y Acaya tuvieron a bien hacer una colecta para los hermanos pobres de Jerusalén. Lo hicieron de buena voluntad, aunque en realidad era su obligación hacerlo. Porque si los gentiles han participado de las bendiciones espirituales de los judíos, están en deuda con ellos para servirles con las bendiciones materiales.[393]

Años antes Pablo había prometido a las «Columnas» que «se acordaría de los pobres» de Jerusalén y les ayudaría en su tarea escatológica de preparar el regreso de Jesús a la Ciudad Santa. Pero tras su larga misión entre los gentiles, había de-

---

392. Romanos 14:13-15.

393. Romanos 15:26-27.

jado de aceptar que la congregación de Jerusalén se considerara a sí misma una comunidad excepcional. Ahora describió la colecta a los romanos como una iniciativa de las comunidades gentiles y un intercambio recíproco de ofrendas.

Pudo haber confiado su carta a Febe, jefa de la iglesia de Cencrea, el puerto oriental de Corinto, que tenía tratos con Roma.[394] Luego se dedicó a organizar una imponente delegación a Jerusalén para asegurarse de que estuviera dispuesta a partir en la primavera del año 56. El objetivo era llegar a la Ciudad Santa a tiempo para la celebración de la fiesta de las Semanas en el templo. Pablo tenía sentimientos encontrados. Por un lado confiaba en que la expedición resultara un éxito. A pesar de la tensión entre él y Jacobo desde la disputa de Antioquía, no podía imaginar que la comunidad de Jerusalén no reconociera la bondad de sus conversos gentiles. Sus asambleas habían afrontado muchas dificultades y Pablo creía que ahora habían adquirido entidad propia. Sería una gran delegación —Lucas sugiere que el número era demasiado grande para que todos los delegados viajaran y se alojaran juntos—.[395] Ello demostraría sin duda el poder adquirido por el movimiento de Jesús en la diáspora como resultado de la misión de Pablo. Sus conversos ya no estaban sumidos en una búsqueda inmoderada de realización personal, sino que cada vez eran más conscientes de que formaban una comunidad

---

394. Los expertos, sin embargo, no se ponen de acuerdo sobre el último capítulo de la carta a los Romanos, que consiste en una serie de recomendaciones de lumbreras del movimiento de Jesús. Algunos creen que Pablo estaba saludando a miembros de la *ekklesia* en Roma, pero otros creen que este capítulo formaba parte en un principio de una carta a la congregación de Éfeso; menciona a Prisca y Aquila, por ejemplo, que al parecer se establecieron en Éfeso con Pablo. Otros sostienen, en cambio, que después del encarcelamiento de Pablo, podrían haber regresado a Roma.

395. Hechos 20:5-6, 13-16; Georgi, *Remembering the Poor*, 123.

global. La colecta demostraría su compromiso por trabajar codo con codo, como iguales, con los «pobres» de Jerusalén para la venida del Reino.[396]

Pero Pablo tenía otras preocupaciones que había compartido con la congregación romana: «Orad a Dios por mí. Pedidle que me libre de caer en manos de los incrédulos que están en Judea y que los hermanos de Jerusalén reciban bien la ayuda que les llevo».[397] Sabía que el extraordinario espectáculo de una gran procesión de extranjeros llevando regalos a la ciudad de Sión recordaría sin duda a los fieles judíos la visión de Isaías de la peregrinación a la Ciudad Santa al final de los tiempos, «porque te traerán los tesoros del mar, y te llegarán las riquezas de las naciones».[398] En sus cartas a los romanos, citaba la celebración de Isaías de la futura conversión de los gentiles al Dios de Israel: «¡Qué hermosos son sobre los montes los pies del que proclama la paz, del que anuncia buenas noticias, del que proclama la salvación, del que dice a Sión: "Tu Dios reina"!»[399] Sin embargo, también sabía que este oráculo había comenzado con la promesa de Yahveh a Jerusalén: «¡Revístete de poder, Jerusalén, ciudad santa[...] que los incircuncisos e impuros no volverán a entrar en ti!»[400] Y él iba a llevar una multitud de gentiles incircuncisos y no cumplidores de la Torá a esta ciudad sagrada durante uno de los días más santos del año judío.

---

396. Georgi, *Remembering the Poor*, 117-18.

397. Romanos 15: 30-31.

398. Isaías 60:5.

399. Isaías 52:7; Romanos 10:15.

400. Isaías 52:1.

Pablo sabía perfectamente que estaba volviendo del revés el escenario escatológico profetizado.[401] Cuando al final del concilio de Jerusalén había prometido a las Columnas que «se acordaría de los pobres», estaba logrando la aprobación de su misión entre los gentiles en igualdad de condiciones en que lo hizo la misión de Pedro entre los judíos, aunque ahora estaba convencido de que la suya era *más* importante. En su carta a los romanos, Pablo había dicho a los miembros gentiles de la comunidad que estaba orgulloso de haber sido encargado de predicar entre ellos. Pero dejad que os diga algo, añadió: «Quisiera ver si de algún modo despierto los celos de mi propio pueblo, para así salvar a algunos de ellos».[402] Los «mensajeros» que él llevaba a Jerusalén no conducirían a las comunidades judías desperdigadas de vuelta a Sión, como los profetas habían anunciado. Tampoco iban a vivir en Sión bajo la ley judía; se iban a dispersar de nuevo y llevar el evangelio por todo el mundo. Jerusalén ya no era el epicentro del movimiento y sus gentiles no iban mansamente a llevar regalos al templo, como Isaías había profetizado, sino el producto de la colecta a una secta judía vulnerable que se llamaba a sí misma «los pobres». Pablo sabía demasiado bien que su delegación sería exactamente el tipo de molestia que podría suscitar la envidia y el resentimiento de sus compañeros judíos, pero él esperaba contra viento y marea que ello les obligara a ver el error de su conducta.

En su relato Lucas ni siquiera menciona la colecta y, como es habitual, hay que aproximarse a los Hechos con precaución. Pero no hay razón para dudar de la descripción general

---

401. Georgi, *Remembering the Poor*, 167-68.

402. Romanos 11:13-14 (Biblia de Jerusalén).

del viaje tal como lo describe él. Nos dice que Pablo y algunos de los delegados pasaron la Pascua en Filipos y navegaron luego rumbo al sur por la costa de Asia, atravesaron Fenicia y finalmente llegaron al puerto de Cesarea, recorriendo por tierra el último tramo del viaje. Pero es improbable que la reunión de Pablo y Jacobo fuera cordial como sugiere Lucas. Describió a Jacobo y los ancianos dispensando a los recién llegados «una calurosa bienvenida», después de pedir a Pablo «que les relatara detalladamente lo que Dios había hecho entre los gentiles por medio de su ministerio y al oírlo alabaron a Dios».[403] Pablo era muy conocido en el movimiento y Jacobo y su comunidad no tenían necesidad de ser informados de sus actividades. Y lejos de conmoverse y alabar a Dios por su presencia, probablemente sintieron que les había colocado en una situación imposible.[404]

Tras la persecución de Herodes Agripa, Jacobo se había ganado el respeto de los habitantes más devotos de la Ciudad Santa por su piedad y asidua observancia de la Torá. Se había asegurado así su posición dentro del movimiento de Jesús en Jerusalén. Pero la llegada de este gran grupo de gentiles que afirmaban haber heredado las promesas de Abraham habría sido sin duda considerada incendiaria por el grueso de la población judía, y los *evionim* probablemente tuvieron que aguantar lo más duro de esta situación. Para empeorar las cosas, Pablo había llegado sin darse cuenta en un momento particularmente peligroso. Siete semanas antes, un profeta conocido como el «Egipcio» había desfilado con una multitud de treinta mil disidentes por el desierto

---

403. Hechos 21:17-19.

404. Georgi, *Remembering the Poor*, 125-26.

hasta el Monte de los Olivos, «dispuesto a forzar la entrada en Jerusalén, derrotar a la guarnición romana, y hacerse con el poder supremo».[405] Huelga decir que los romanos habían sofocado implacablemente esta revuelta, pero el Egipcio había escapado y seguía todavía en libertad. De modo que los romanos estaban preparados por si surgían problemas, especialmente durante la fiesta de las cosechas que celebraba el reinado de Yahveh sobre la tierra de Israel, un recuerdo ritual de que tanto la tierra como sus productos pertenecían a Yahveh y no a Roma.

La ambiciosa iniciativa de Pablo parece que resultó un fracaso tan rotundo que Lucas o bien no sabía nada al respecto o bien quiso silenciarla. Las opiniones de Pablo eran bien conocidas en Jerusalén; algunos de los zelotes fariseos que habían apoyado su persecución del movimiento de Jesús seguían considerándole un apóstata y un traidor, y su gran séquito de gentiles habría confirmado sus más negras sospechas. Habría sido comprometido y peligroso para Jacobo aceptar la ofrenda de la colecta sin condiciones, pero era igualmente imposible rechazarla. Esto no sólo habría sido terriblemente insultante para Pablo, sino dividido de manera irrevocable el movimiento de Jesús. El relato de Lucas puede parecer una solución de compromiso. Nos dice que Jacobo convenció a Pablo de que pagara los elaborados ritos de purificación de una semana de duración que cuatro devotos miembros judíos de la *ekklesia* iban a realizar en el templo y que se purificara él mismo con ellos el día tercero y séptimo. Ello demostraría a todo el mundo que no era un enemigo de

405. *JW*, 2:261-62. Las cifras en los textos antiguos no deben interpretarse literalmente.

la Torá.[406] De este modo Jacobo aceptaría la colecta, más o menos bajo mano, con vergüenza y subterfugios.

Pero, dice Lucas, cuando Pablo fue al templo a cumplir los ritos, hubo una revuelta y casi fue linchado. Creyendo que era el egipcio prófugo, los romanos lo arrestaron.[407] Pablo fue encarcelado en Cesarea y, según Lucas, su caso se convirtió en una agria disputa entre Felix, el procurador romano, y Ananías, el sumo sacerdote, que estaban enzarzados en una amarga lucha por el poder. Finalmente, Pablo, como ciudadano romano, fue extraditado a la capital para ser juzgado por el tribunal imperial.

Lucas nos presenta los hermosos discursos de Pablo en cautividad —a los fieles judíos en el templo, a Felix y a su sucesor Festo, al Sanedrín y a Herodes Agripa II— que inspiraban aclamación y respeto universales. Describe el viaje de Pablo a Roma como una emocionante aventura y cuando finalmente llegó, dice Lucas, toda la comunidad del Mesías salió a su encuentro en la Vía Apia. Lucas terminó su historia diciendo que durante dos años Pablo vivió en Roma, proclamando el Reino de Dios sin impedimento y temor alguno.[408] Siempre deseoso de mostrar que Pablo era el siervo obediente del imperio, no podía permitirse contar la verdad y puede que incluso no supiera lo que había sido de su héroe.

De hecho, parece claro que Pablo fue efectivamente silenciado. No hay pruebas de que fundara más comunidades después de su fatídica visita a Jerusalén. Si escribió más cartas, no se han conservado. Nadie parece saber cómo o cuándo

---

406. Hechos 21:22-25.

407. Hechos 21:28.

408. Hechos 28:31.

murió. Clemente, obispo de Roma, en sus escritos del año 96 d.C. nunca mencionó su encarcelamiento en la capital imperial y afirmaba que completó su misión en Hispania: «Predicó en Oriente y en Occidente, ganándose una noble reputación por su fe. Enseñó la verdad a todo el mundo; y después de llegar a los límites más lejanos de Occidente, llevando el mensaje a reyes y gobernantes, dejó este mundo y fue recibido en los santos lugares».[409] El historiador de la iglesia del siglo IV d.C., Eusebio, obispo de Cesarea, creía sin embargo que Pablo fue decapitado y Pedro crucificado durante la persecución de Nerón del año 64. Como apoyo de esta tradición, afirmó: «El relato se confirma por el hecho de que los cementerios se siguen llamando con los nombres de Pedro y Pablo». Para «afianzar más la verdad de mi relato», Eusebio también citó dos autoridades de finales del siglo II d.C.: un eclesiástico llamado Gaio que vivía en Roma y el obispo Dionisio de Corinto.[410] Pero Eusebio pone demasiados reparos, consciente tal vez de que sus pruebas eran poco sólidas y circunstanciales. Los hechos son probablemente más sencillos y más terribles.

John Dominic Crossan ha sugerido que posiblemente los discípulos nunca supieron lo que realmente le sucedió a Jesús después de su arresto y su huida para ponerse a salvo en Galilea. Es muy improbable que se hubiera convocado una reu-

---

409. San Clemente, *The First Epistle to the Corinthians*, 5:6-7, traducida en Andrew Louth, ed., y Maxwell Staniforth, trad., *Early Christian Writings: The Apostolic Fathers* (Penguin, Harmondsworth, UK, y Nueva York: 1968). Clemente I, Papa, Santo, *Padres apostólicos y apologistas griegos, (s. II)*, Biblioteca de Autores Cristianos, Madrid, 2009.

410. Eusebio, *The History of the Church from Christ to Constantine*, Andrew Louth, ed., y G. A. Williamson, trad. (Londres and New York: Penguin, 1989), 2:25.

nión nocturna extraordinaria del Sanedrín durante una fiesta importante para decidir el destino de un oscuro profeta de Nazaret, como afirmaban los evangelios. Tampoco es probable que Pilatos, que finalmente fue reclamado en Roma por su desaforada crueldad, hubiera hecho valientes esfuerzos para salvarle. Los relatos de la crucifixión del evangelio consisten en una mezcla de citas de los salmos más dolientes, sugiriendo que los discípulos buscaron pruebas por todas las escrituras (que según creían, habían profetizado la suerte del Mesías). «Lo que tenemos ahora en esos detallados relatos de la pasión no es *historia recordada, sino profecía hecha historia*», sostiene Crossan.[411] Jesús fue ciertamente crucificado; así lo atestiguaron Josefo y Tácito, pero las crucifixiones eran acontecimientos normales y corrientes en el Imperio romano. «Dudo mucho que la policía y la soldadesca romana tuvieran que escalar demasiado en la cadena de mando para dar cuenta de un campesino de Galilea como Jesús», concluye Crossan. «Es difícil para nosotros, repito, poder concebir la brutalidad con la que probablemente fue arrestado y ejecutado.»[412]

Una vez en poder de los romanos Pablo, sencillamente, pudo desaparecer también. En nuestro tiempo hemos visto cómo un régimen poderoso puede dar cuenta de subversivos de poca monta que se interponen en su camino. El hecho de que haya diferentes opiniones sobre su muerte indica que una vez arrestado por los romanos, simplemente se desvaneció, despachado como Jesús con la brutalidad carac-

411. Crossan, *Jesus: A Revolutionary Biography*, 163. Cursivas del autor. John Dominic Crossan, *Jesús, biografía revolucionaria*, Grijalbo, Barcelona, 1996.

412. *Ibid.*, 171.

terística de la época. Hay una serie de formas en que pudo sufrir una muerte oscura, miserable y degradante en una prisión romana. Si es así, sólo nos queda preguntarnos si finalmente sucumbió a la desesperación. No llegó a los confines del mundo y no presenció la Parusía. Su colecta fue un fracaso y el movimiento parecía a punto de dividirse. Y, por último, ¿cómo se habría sentido Pablo si hubiera visto de qué forma interpretaba sus enseñanzas la Iglesia que él contribuyó a crear?

Vida póstuma de Pablo

Las iglesias gentiles se habrían sentido profundamente afligidas por la pérdida de Pablo. Las expectativas depositadas en la gran empresa de la colecta habían sido enormes y sin embargo el resultado fue un trágico desastre. Se sentirían también perdidas y a la deriva. Pablo no sólo había sido su principal vínculo con Jerusalén, sino que también las mantenía unidas entre sí. Ahora existía el peligro de que se desintegrara la unidad de las *ekklesiai* que tan importante había sido para él. Las *ekklesiai* se habrían sentido avergonzadas y humilladas por la acogida de su donativo por la congregación de Jerusalén. Su relación con la ciudad se volvería aún más frágil tras el estallido de la Guerra de los Judíos contra Roma y la destrucción del templo que tan importante había sido para el culto de Jacobo y su comunidad. El judaísmo mismo quedaría transformado por esta catástrofe: los rabinos convertirían la religión del templo en una religión del libro, creando nuevas escrituras —la Mishná y los Talmudes de Jerusalén y Babilonia— como sustitución del templo y se convertirían en el lugar de lo divino. Durante el proceso de esta gran transformación, el movimiento de Jesús dentro del judaísmo iría menguando lentamente al no reaparecer Jesús y lo que ahora llamamos cristianismo se convertiría en una confesión predominantemente gentil.

Desde finales del siglo XIX, una serie de expertos han sostenido que las cartas a los colosenses y efesios fueron escritas en nombre de Pablo después de su muerte. Han observado que su estilo difiere grandemente de la forma de escribir directa e incisiva de éste y que reflejan un periodo posterior. Ha cesado el angustiado debate sobre la admisión de gentiles en la asamblea y en lugar de centrarse en una *ekklesia* individual como en las auténticas cartas de Pablo, encontramos un énfasis en el movimiento en general. Ha surgido lo que nosotros ahora podemos llamar una «iglesia», con una teología propia. En lugar de tratar de los problemas específicos de una comunidad, estas cartas tratan de asuntos más generales. Pueden haber sido escritas hacia finales del siglo I d.C. por discípulos de Pablo, que las redactaron en su nombre porque creían que durante esta difícil época la autoridad de una voz apostólica era esencial.

Desde la desaparición de Pablo cada vez resultaba más evidente que la Parusía no iba a suceder tan pronto como todo el mundo esperaba. Mientras él había instado a sus discípulos a mantenerse al margen del mundo pagano porque «el mundo tal como lo conocemos está desapareciendo», estaba claro que los seguidores de Jesús se enfrentaban a un largo periodo de coexistencia con la sociedad general. ¿Qué podrían hacer para no perder su identidad característica? Pablo había utilizado la colecta como medio para reunir a todas las comunidades desperdigadas; ahora sus sucesores tendrían que sacar provecho de ello, dirigiendo las enseñanzas de Pablo hacia una nueva fase para satisfacer las demandas de un mundo nuevo. Esa es la razón por la que en esas dos cartas la teología de Pablo apunta en una nueva dirección.

Ambos autores tienen una conciencia altamente desarrollada de la iglesia como un todo. De hecho, han inventado la eclesiología. Ambos utilizan la imagen de Pablo del cuerpo de Cristo, pero con una importante diferencia. Él había subvertido la teología imperial que consideraba a César la cabeza del cuerpo político y desarrollado un ideal más plural de comunidad interdependiente, en la que las partes inferiores del cuerpo recibían mayor honor que la cabeza. Los autores de las cartas a los colosenses y efesios, sin embargo, situaron a Cristo a la cabeza del cuerpo, mientras trataban de conservar algunas de las enseñanzas originales de Pablo. «Él [Cristo] es la cabeza del cuerpo, que es la iglesia. Él es el principio, el primogénito de la resurrección, para ser en todo el primero», dice el autor de la carta a los colosenses.[413] El autor de la carta a los efesios insta a sus lectores, como habría hecho Pablo, a crecer plenamente en Cristo: «Él es la cabeza, es decir, Cristo. Por su acción todo el cuerpo crece y se edifica en amor, sostenido y ajustado por todos sus ligamentos, según la actividad propia de cada miembro».[414] Hay un intento de preservar el énfasis de Pablo en el amor, en la importancia de construir la comunidad, y en la interdependencia de los miembros, pero estaba comenzando a surgir una jerarquía de grado en la que Cristo ya no se identificaba con el cuerpo en general ni con todos los miembros de la *ekklesia,* sino claramente con la cabeza.

---

413. Colosenses 1:18.

414. Efesios 4:15-16.

En esta concepción, sin embargo, Cristo seguía suplantando a César, pero tras el horror de la Guerra de los Judíos con Roma, la preocupación de Pablo por los «gobernantes de esta era» había quedado enmudecida. Cristo era presentado ahora como un vencedor cósmico más que como un poder terrenal. En lugar de centrarse en la inminente Parusía, el regreso de Cristo a la tierra para someter a las autoridades imperiales, los autores insistían en que Jesús ya había logrado esa victoria aunque en un plano celestial. Al abordar los problemas suscitados por los «espirituales» corintios, Pablo se había mantenido inflexible en que el Reino no había llegado todavía. Pero estos autores insistían en que los seguidores de Cristo ya vivían la vida redimida. «Él nos liberó del dominio de la oscuridad y nos trasladó al reino de su amado Hijo», escribe el autor de la carta a los colosenses; ya estaban «en el reino de la luz».[415] «En Cristo también fuimos hechos herederos, pues fuimos predestinados según el plan de aquel que hace todas las cosas conforme al designio de su voluntad», dice el autor de la carta a los efesios. Cristo estaba sentado a la derecha de Dios en las regiones celestiales «muy por encima de todo gobierno y autoridad, poder y dominio, y de cualquier otro nombre que se invoque, no sólo en este mundo sino también en el venidero.»[416] La visión rotundamente política de Pablo había sido trasladada a otro mundo y a otra dimensión temporal.

Estas cartas muestran el comienzo de una tradición paulina, que alteraba la teología de Pablo permitiéndole expresarse en circunstancias diferentes. Esto resulta particularmente evidente en las instrucciones del autor sobre la familia

---

415. Colosenses 1:12-13.

416. Efesios 1:11, 21.

cristiana. El utópico igualitarismo de Pablo ha sido reemplazado por una visión más jerárquica, en la que las esposas deben obedecer a sus maridos, los hijos a los padres, y los esclavos deben «obedecer en todo a sus amos terrenales».[417] Ambos autores expresaron estos nuevos ideales con un estilo y vocabulario que parecía estilizado; una tradición de patriarcado ajena a Pablo parece haberse establecido en la *ekklesia* de los gentiles. El grito bautismal «Ni hombre ni mujer» ha sido subsumido en el cuerpo jerárquico de Cristo:

> Esposas, someteos a vuestros propios esposos como al Señor. Porque el esposo es cabeza de su esposa, así como Cristo es cabeza y salvador de la iglesia, la cual es su cuerpo. Así como la iglesia se somete a Cristo, también las esposas deben someterse a sus esposos en todo.[418]

Estas instrucciones convencionales reflejan la nueva necesidad de coexistir con la sociedad grecorromana. Ahora que la Parusía había sido pospuesta de manera indefinida, Pablo el radical debía ser refrenado si el movimiento quería sobrevivir. Estas instrucciones se adaptaban estrechamente a unos códigos domésticos que poseían gran importancia para los filósofos, los historiadores y los escritores judíos helenísticos porque éstos consideraban que una familia bien estructurada

---

417. Colosenses 3:18-25; cf. 1 Pedro 2:18-3:7.

418. Efesios 5:22-24.

era un elemento crucial para el orden social.[419] La familia patriarcal descrita aquí no es, por lo tanto, una invención ni de Pablo ni de las cartas deuteropaulinas, sino la expresión de normas grecorromanas que los autores han tratado de imbuir a partir de los ideales paulinos de amor y servicio; cuando se aborda el punto central de la lealtad, ésta no es hacia el Estado, como en los códigos domésticos helenísticos, sino lealtad a Cristo.[420]

El radicalismo de Pablo era utópico. Sólo era posible mientras todo el mundo creyera que Cristo regresaría en un futuro no muy lejano para inaugurar un nuevo orden mundial. La visión que Pablo tenía de la ley, como injusta y causante de divisiones expresa nuestro eterno descontento con la civilización y nuestra terca convicción, que puede retrotraerse hasta los milenios durante los que vivimos como cazadores-recolectores en pequeñas comunidades igualitarias, de que las personas deben vivir juntas como iguales. Es posible que después de cinco mil años no nos hayamos adaptado completamente a una civilización, que siempre ha sido desigual y no puede sobrevivir sin leyes draconianas. Paradójicamente, la visión que ofrece Pablo de Cristo destronando a su regreso a las autoridades terrenales le describe como un emperador conquistador:

Entonces vendrá el fin, cuando él entregue el reino a Dios el Padre, después de destruir todo dominio, au-

---

419. James, D. G. Dunn, «The Household Rules in the New Testament», en Stephen C. Barton, ed., *The Family in Theological Perspective* (T y T. Clark, Edimburgo, 1996); David L. Balch, «Household Codes», en David E. Aune, ed., *Greco-Roman Literature and the New Testament* (Scholars Press, Atlanta, GA, 1998).

420. Efesios 5:23-6:9.

toridad y poder. Porque es necesario que Cristo reine hasta poner a todos sus enemigos debajo de sus pies. El último enemigo que será destruido es la muerte, pues Dios «ha sometido todo a su dominio».[421]

Los autores de las cartas a los colosenses y a los efesios conservaron esta imaginería, trasladándola al plano cósmico. Cuando sucedió lo impensable y Constantino se convirtió en el primer emperador romano cristiano en el año 312, esta retórica le fue muy útil para justificar su gobierno mundial.

Estos autores estaban preocupados por mantener la voz y la autoridad de Pablo. Pero este era ya una figura desconcertante para la mayoría de cristianos de la iglesia primitiva. Cuando el autor de la Segunda Epístola de Pedro describía la llegada final del Señor a las comunidades de la diáspora, les instaba a ser pacientes, como Pablo, «nuestro querido amigo y hermano», había aconsejado en una carta: «En todas sus cartas se refiere a estos mismos temas. Hay en ellas algunos puntos difíciles de entender, que los ignorantes e inconstantes tergiversan, como lo hacen también con las demás Escrituras, para su propia perdición».[422] El erudito alemán Ernst Käsemann observó en una ocasión que en los años inmediatamente siguientes a su muerte, Pablo era «ininteligible para la mayoría».[423] Había causado muy poca impresión en los teólogos del siglo II d.C., conocidos como los Padres Apos-

---

421. 1 Corintios 15:24-27.

422. 2 Pedro 3:15-16.

423. Ernst Käsemann, «Paul and Early Catholicism», *New Testament Questions of Today* (Fortress Press, Filadelfia, 1969), 249; Arland J. Hultgren, «The Pastoral Epistles», en Dunn, ed., *Cambridge Companion*.

tólicos. Ignacio de Antioquía se refiere a él sólo seis veces y en el mejor de los casos está claro que le ha comprendido superficialmente; Policarpo, obispo de Esmirna, admite que ni él ni nadie más podía entender la sabiduría del bendito y glorioso Pablo.[424] Y Justino Mártir, uno de los primeros apologistas cristianos, nunca menciona a Pablo mientras que Teófilo, segundo obispo de Antioquía, se refiere a las observaciones de Pablo a los romanos sobre la obediencia al Estado, pero nunca menciona su nombre.

Paradójicamente, los primeros pensadores cristianos que se ocuparon de Pablo serían condenados más tarde por herejía. Marción, un hombre rico y culto que ejerció de naviero en Sínope, un importante puerto del mar Negro, creía que Pablo había sido el único apóstol fiel a las enseñanzas de Jesús. Su movimiento reformista se difundió tan rápidamente que cuando murió en el año 160 el «marcionismo» corría el riesgo de eclipsar a la iglesia principal. Hábilmente compiló un único evangelio, basado en el evangelio de Lucas y en cartas ocasionales de Pablo que ascendió a la categoría de Escrituras. Su Nuevo Testamento se basaba en el rechazo de la Biblia Hebrea, desestimada ahora como Viejo Testamento, el cual, en su opinión, predicaba un Dios diferente del Dios de Jesús. El antiguo Dios Creador, que solamente había ofrecido la salvación a los judíos y revelado la ley, sostenía Marción, era violento y vengativo, mientras que el Dios de Jesús era misericordioso con todos y había revelado el evangelio del amor.

424. Polycarp, *Letters*, 3:2, en J. B. Lightfoot, ed. y trad., *The Apostolic Fathers*, 3 vols *Part Two: S. Ignatius and S. Polycarp* (Londres 1885). J. B. Lightfoot, *Los padres apostólicos*, Clie, Barcelona, 1990.

No ha sobrevivido ninguna obra de Marción. Sólo tenemos fragmentos citados en los escritos de sus adversarios. Parece ser que Marción no rechazaba toda la Torá, sino que aprobaba su insistencia en el amor a Dios y al prójimo. Pero su énfasis en que Jesús era una revelación completamente nueva significaba que era imposible presentar la visión de Pablo de que Jesús era la realización de la historia judía. Sus comunidades eran ascéticas y algo puritanas: llevaron las prudentes recomendaciones de Pablo sobre la soltería al extremo y practicaban un celibato estricto. Y en el bautismo todos renunciaban al mandato del Dios Creador de «sed fructíferos y multiplicaos»[425] y desdeñaban los placeres de la comida y la bebida, hasta el extremo de beber agua en lugar de vino durante la Cena del Señor. Pero Marción comprendía el igualitarismo de Pablo y su preocupación por los pobres y desfavorecidos. La suya fue la primera iglesia en promover el ministerio de las mujeres siguiendo a Pablo; en sus comunidades las mujeres podían curar y enseñar y eran ordenadas obispos y presbíteros. También compartía el vínculo que veía Pablo entre libertad y salvación.

Para rebatir sus teorías, los adversarios de Marción tuvieron que estudiar atentamente a Pablo. Entre los primeros de éstos podrían encontrarse los autores de las llamadas Epístolas Pastorales a Timoteo y Tito, que fueron escritas en nombre de Pablo probablemente a principios del siglo II d.C. en Roma o en Éfeso, aunque no le fueron atribuidas a él hasta finales de este siglo. Tanto en estilo como en contenido se apartan de las propias cartas de Pablo mucho más radicalmente que las epístolas a los colosenses y efesios. Utilizan muchas palabras que están totalmente ausentes de las auténticas cartas de Pablo.

---

425. Génesis 1:28.

Nunca mencionan la Parusía, no hablan de vivir «en Cristo»; para ellos la *pistis* griega no significa lealtad, sino «fe cristiana»;[426] y nunca llaman a Jesús «hijo de Dios». Se les llama cartas pastorales porque dan instrucciones a los líderes cristianos, que en aquella época estaban organizados en una jerarquía que no encontramos en las cartas de Pablo, compuesta de obispos, presbíteros y diáconos.

Hay señales de una polémica en contra de Marción en las Pastorales.[427] Hacen a Pablo instar a Timoteo a «evitar las discusiones profanas e inútiles, y los argumentos de la falsa ciencia»,[428] claramente una referencia despreciativa al famoso tratado de Marción, «Antítesis». La misma carta condena a aquellos que «prohíben el matrimonio y no permiten comer ciertos alimentos que Dios ha creado para que los creyentes, conocedores de la verdad, los coman con acción de gracias».[429] Desaprobaban claramente a las mujeres de Marción que ejercían ministerios eclesiásticos; en cambio, insistían en que las mujeres debían obtener la salvación a través de la maternidad y la sumisión: «La mujer debe aprender con serenidad, con toda sumisión. No permito que la mujer enseñe al hombre y ejerza autoridad sobre él; debe mantenerse ecuánime. Porque primero fue formado Adán, y Eva después. Además, no fue Adán el engañado, sino la mujer; y ella, una vez engañada, incurrió en pecado».[430]

---

426. 1 Timoteo 1:2; 3:9, 13; 4:6; 2 Timoteo 4:7; Tito 2:2.

427. Calvin J. Roetzel, «Paul in the Second Century», en Dunn, ed., *Cambridge Companion*, 233.

428. 1 Timoteo 6:20.

429. 1 Timoteo 4:3.

430. 1 Timoteo 2:11-15; cf. Tito 2:3-5.

Las Epístolas Pastorales mostraban a las claras su preocupación por la falsa gnosis. Los códices descubiertos en Nag Hammadi en Egipto en la década de 1940 revelaron escritos y evangelios de aquellos que buscaron la salvación a través de «conocimientos» esotéricos, especiales. El gnosticismo se difundió primero por Italia y las provincias orientales durante el siglo II d.C. y, como el marcionismo, era profundamente perturbador para quienes, como Ireneo, obispo de Lugdunum, lo tachaba de herético por apartarse de las enseñanzas de los evangelios y «seguir su propio camino» (*airesis* en griego). Según el mito gnóstico, que afloraría también en el misticismo judío e islámico, una crisis de la Divinidad conduciría al nacimiento del Demiurgo, el hacedor de las cosas más bajas e imperfectas como la carne y el pecado. Durante este suceso primigenio algunas chispas de divinidad quedaron alojadas en unos pocos hombres y mujeres que formaron una élite espiritual (*pneumatikoi*), pero el resto, los *psychikoi*, estaban desprovistos de Espíritu y percepción. Pero podían ser salvados por el Cristo, que descendió a la tierra, se hizo uno con el hombre Jesús y logró el conocimiento liberador (*gnosis*) de su verdadero origen y destino.

Para Valentino, el maestro gnóstico más influyente del siglo II d.C., Pablo fue una gran inspiración.[431] ¿No había establecido claramente distinciones entre seres humanos «espirituales», «psíquicos» y carnalmente «somáticos» en su primera carta a los corintios? El Himno a Cristo en su carta a los filipenses describía perfectamente el descenso del Redentor

---

431. Elaine H. Pagels, *The Gnostic Paul: Gnostic Exegesis of the Pauline Letters* (Trinity Press International, Filadelfia, 1975), 66. Elaine H. Pagels, *El Pablo gnóstico: exégesis gnóstica de las Cartas Paulinas*, La Teca Ediciones, Barcelona, 2012.

a la tierra. Pablo había admitido que no había bondad en su yo «no espiritual» y había llorado con angustia: «Soy una desdichada criatura, ¿quién me rescatará de este estado de muerte?» También había proclamado: «Todas las cosas me están permitidas», entendiendo que los *pneumatikoi* eran libres de comer carne que había sido sacrificada a ídolos y no estaban sometidos a las insignificantes reglas de la iglesia general.

Se trataba, evidentemente, de una interpretación errónea de las enseñanzas de Pablo, ya que en su carta a los corintios él había satirizado las creencias de los *pneumatikoi* en Corinto, que no aprobaba. Pero éste iba a ser su destino con frecuencia en la posteridad. Los autores de las cartas a los colosenses y efesios se sintieron obligados a abandonar el igualitarismo y la actitud política de Pablo contra la tiranía imperial; las Epístolas Pastorales introdujeron una misoginia en el cristianismo que se ha achacado injustamente a Pablo. La doctrina agustina del pecado original, basada en una lectura de Pablo de una traducción al latín, era muy ajena al pensamiento de éste, como lo era el dogma luterano de la justificación por la fe. Pablo, que nunca negó su herencia judía, ha sido tachado de antisemita. Fueron Marción y los gnósticos quienes hicieron de él una figura prominente, quienes introdujeron en la imaginación cristiana un recelo del judaísmo y la biblia hebrea que tendría fatídicas consecuencias.

Pablo ha sido culpado de ideas que nunca predicó y algunas de sus mejores percepciones sobre la vida espiritual han sido ignoradas por las iglesias. Su apasionada identificación con los pobres no ha sido tenida en cuenta por aquellos cristianos que predican el evangelio de la prosperidad.

Su determinación de erradicar los prejuicios étnicos y culturales que nos dividen y separan, su rechazo de toda forma de jactancia basada en un falso sentido de privilegio y superioridad, y su desconfianza visceral hacia una espiritualidad autoindulgente que convierte la fe en un asunto ególatra no han llegado a formar parte de la conciencia cristiana. ¿Cómo habría reaccionado Pablo al ver a los papas ocupando el lugar de los emperadores después de la caída del Imperio romano en las provincias occidentales? Hay muchas personas religiosas testarudas que harían bien en tener en cuenta las advertencias que hizo a los «fuertes» que intimidaban a los «débiles» con su despótica seguridad. Pero, sobre todo, necesitamos tomarnos en serio la idea de que ninguna virtud es válida a menos que esté imbuida de un amor que no es una sofisticada emoción de los sentidos, sino que se expresa diariamente de forma práctica en la auténtica preocupación por los demás.

Karen Armstrong es autora de exitosos libros de memorias y de tema religioso. Estudió en el St. Anne's College de Oxford, donde se especializó en lengua inglesa mientras vivía en un convento, experiencia que describió en *Through the Narrow Gate*, que recibió críticas elogiosas. Tras abandonar el convento se convirtió en escritora y desde entonces ha publicado veinticinco libros. Es una reputada conferenciante pública y fundadora de la Carta por la Compasión, que fue financiada mediante una beca TED. En 2015 fue nombrada Dama de la Orden del Imperio Británico por Servicios a la Literatura y al Diálogo interreligioso en la Lista Anual de Honores por el Cumpleaños de la Monarca.

ECOSISTEMA DIGITAL

NUESTRO PUNTO DE ENCUENTRO

www.edicionesurano.com

2 AMABOOK
Disfruta de tu rincón de lectura
y accede a todas nuestras **novedades**
en modo compra.
www.amabook.com

3 SUSCRIBOOKS
El límite lo pones tú,
lectura sin freno,
en modo suscripción.
www.suscribooks.com

DISFRUTA DE 1 MES
DE LECTURA GRATIS

1 REDES SOCIALES:
Amplio abanico
de redes para que
participes activamente.

4 APPS Y DESCARGAS
Apps que te
permitirán leer e
interactuar con
otros lectores.

 iOS